MAROKKO

Covermotiv:
Die Märkte, genannt Souks, sind in Marokko immer eine Attraktion. Hier einer der bekanntesten in Marrakesch, der Schmuck- und Teppichmarkt. Die Stadt bietet die größten Souks des Landes.

Frontispiz:
Chamsa oder „Hand der Fatima" (nach der Tochter Mohammeds) nennt man dieses in Marokko verbreitete Ornament oder Amulett, hier in Form eines Türklopfers. Es soll böse Einflüsse abwehren, insbesondere den „bösen Blick". Die vor Üblem schützende Zahl fünf, arabisch chamsa, ist auch auf der Landesflagge Marokkos vertreten: Der fünfzackige Stern gilt ebenfalls als Glückssymbol.

© KOMET Verlag GmbH, Köln
www.komet-verlag.de
Gesamtherstellung: KOMET Verlag GmbH, Köln
Produktion: Feierabend Unique Books, Köln
Printed in China

ISBN 978-3-89836-801-8

Elmar Scherer

MAROKKO

Einleitung

„Klein Marrakesch" oder auch
„Marrakeschs Großmutter" nennt man
das verschlafene Medina-Städtchen
Taroudannt manchmal. Die eindrucks-
volle und gut erhaltene Stadtmauer
konnte nicht verhindern, dass Sultan
Mulay Ismail die südmarokkanische
Stadt im 17. Jahrhundert teilweise zer-
störte. Bis dahin war sie eine wichtige
Handelsstadt gewesen, von hier aus
eroberte die Saadierdynastie im 16.
Jahrhundert die Macht in Marokko.

Als die arabischen Umayyaden-Kalifen im 8. Jahrhundert ihr Reich nach Nordafrika ausdehnten, nannten sie das Gebiet des heutigen Marokko *al-maghrib al-aqsa*, den „äußersten Westen". Noch heute ist der offizielle arabische Name Marokkos das „westliche Königreich", *Al-Mamlaka al-Maghribiya*. Für unsere Ohren klingt das exotisch und orientalisch vielversprechend. Doch der Name erinnert auch daran, dass Europa und der Orient hier nicht weit voneinander entfernt sind: Kaum südlich des Dschebel al-Tariq, den wir als Gibraltar kennen, berühren sich Afrika und Europa, Orient und Okzident – und beeinflussen sich, jenseits aller Konflikte, seit über einem Jahrtausend. Nicht zu vergessen die Kultur der Amazigh, der uralten Berber-Bevölkerung, oder die Einflüsse aus Gebieten südlich der Sahara. Ja, Marokko gehört zu Afrika, aber es ist nicht Afrika. Es ist ein vielfältiges Land faszinierender Gegensätze: Der Norden Marokkos bietet mediterranes Flair, die Atlantikküste sogar Strände mit 300 Sonnentagen im Jahr. Zugleich ist der Atlas eine Hochgebirgslandschaft mit Viertausendern, wo sogar Wintersport möglich ist. An Marokkos

Küste und im Landesinneren existieren seit Jahrtausenden besiedelte, fruchtbare Ebenen – andererseits ist das Land durchzogen von schroffen und kargen Felsenbergen, im Süden von Stein- und Sandwüste. Doch mitten in der Trockenheit sind Flüsse und Quellen Lebensspender für Palmenhaine, in denen es üppig wächst. Und an den Rändern dieser schmalen grünen Streifen ragen die Lehmburgen der Berber auf, als wären sie dem Boden selbst entwachsen. Auch unter Marokkos Städten sind sowohl kosmopolitische, moderne und geschäftige Metropolen als auch uralte Medinas wie aus *Tausendundeiner Nacht*, in deren Gassen und Basaren die Zeit stillzustehen scheint. In ihnen findet man wunderbare Beispiele für das Geschick orientalischer Handwerker und Künstler und die faszinierenden Monumente eines lebendigen Glaubens.

Kurz: Marokko ist nicht auf einen Punkt zu bringen – man muss dieses vielfältige und kontrastreiche Land und seine Landschaften erleben. Und seine Menschen, denn sie sind mit ihrer Freundlichkeit und Herzlichkeit der wirkliche Reichtum Marokkos.

Guerrab heißen die fotogenen Wasserverkäufer in ihren schönen roten Gewändern. Mit Wasser aus Lederflaschen und Messingtassen stillen sie den Durst, leben mittlerweile aber wohl vor allem von den „bildhungrigen" Touristen.

DAS LAND MAROKKO

Fläche: 453.730 km²

Einwohnerzahl: 33,76 Millionen

Bevölkerungsdichte: 66 Einwohner pro km²

Regionen: Mittelmeer- und Atlantikküste, Rifatlas, Atlasgebirge (Hoher und Mittlerer Atlas), Hochebene von Marrakesch, Antiatlas, Übergang zur Sahara

Hauptstadt: Rabat (1,62 Millionen Einwohner)

Längster Fluss: Moulouya (520 km); das Flusstal des Draa ist länger (1.100 km), es führt aber im Unterlauf kein Wasser

Höchste Erhebung: Toubkal (Höhe: 4.167 Meter)

Klima: im Norden und in Küstenregionen: gleichmäßiges Mittelmeerklima; im Landesinnern: Kontinentalklima, größere saisonale Temperaturunterschiede

Regen: abnehmende Niederschlagsmenge von Nordwesten nach Südosten: in Tanger 860 mm, in der Sahara 130 mm (jeweils Jahresmittel)

Amtssprache: Arabisch (Hocharabisch)

Weitere Sprachen: Arabisch (Derija), Französisch (Handels- und Bildungssprache), verschiedene Berberdialekte (35 % der Bevölkerung)

Wichtigste Erzeugnisse: Lebensmittel und Getränke, Halbfertigwaren, Konsumgüter, Phosphate

Staatsform: konstitutionelle Monarchie

Währung: Marokkanischer Dirham

WICHTIGE ADRESSEN FÜR REISENDE

Botschaft des
Königreichs Marokko
Niederwallstraße 39
10117 Berlin
Telefon: 030/206124-0
http://www.maec.gov.ma/berlin

Vertretung des ONMT in
Deutschland:
Graf-Adolf-Straße 59
40210 Düsseldorf
Telefon: 0211/370551
www.tourismus-in-marokko.de

Office National Marocain du Tourisme (ONMT)
Angle Rue Oued El Makhazine & Rue Zalaka, BP 19
Agdal, Marokko
http://www.tourisme-marocain.com

Rechts: Musiker in farbenprächtigen Gewändern auf dem Platz Djemaa el-Fna, Marrakesch. Die Musik in Marokko bewahrt auch Einflüsse aus den Gebieten südlich der Sahara, insbesondere durch die Gnawa. Diese Nachfahren schwarzer Sklaven verbinden in ihren musikalischen Ritualen Animismus mit islamischen Vorstellungen – und ihre Musik ist verwandt mit dem Blues.

Nächste Doppelseite: Bei Reisen durch den Hohen Atlas halten immer wieder Schaf- und Ziegenherden den Verkehr auf. Aber sie bieten nicht nur ein malerisches Motiv: 40 % der Marokkaner dienen Landwirtschaft und Viehzucht immer noch als Lebensgrundlage – und nicht nur in diesem Teil des Landes. Schafe spielen auch eine wichtige Rolle in Küche und Religion: Am Feiertag Eid al Kebir, dem Opferfest, schlachtet jede Familie ein Schaf zum Gedenken an Abrahams Sohn, Isaak, der Gott geopfert werden sollte.

Geschichte

In seinem prächtigen Purpurmantel machte er in Rom großen Eindruck – vielleicht ließ Caligula ihn deshalb umbringen. Der Kaiser teilte Mauretania dann in zwei Provinzen auf.

Auch wenn es Spuren noch älterer Siedlungen gibt, beginnt die Besiedlung Nordwestafrikas eigentlich erst, als um etwa 8.000 v. Chr. Nomadenstämme aus dem Nahen Osten hier ankommen. Möglicherweise sind sie die Vorfahren der heutigen Berber. Dazu gesellen sich Fischer aus dem Mittelmeerraum und im Süden Pferdezüchter aus der trockener werdenden Sahara. Um 1.000 v. Chr. gründen die Phönizier erste Handelsstützpunkte an der Küste, beim Aufstieg Karthagos (gegründet 814 v. Chr. an der heutigen tunesischen Küste) fallen diese Städte an die neue Großmacht. Nach dem Sieg der Römer über Karthago im Dritten Punischen Krieg (146 v. Chr.) werden dessen Gebiete in Nordwestafrika römisch. Zunächst indirekt, durch das Vasallenkönigreich Mauretania, später durch Rom direkt unterstehende Provinzen: Mauretania Tingitana liegt im Gebiet des heutigen Marokko. Ständige Berber-Aufstände höhlen die römische Herrschaft in Nordafrika aus. Im sechsten Jahrhundert gehen Rom durch Einfälle der Vandalen, Byzantiner und Westgoten auch die Küstenstädte verloren. Immerhin gelingt es den Byzantinern, Essaouira, Tanger und Salé als Brückenkopf Ostroms zu halten. Ab 682 bekommen es die Berber mit neuen Eroberern zu tun: Der arabische General Uqba bin Nafi erreicht an der Spitze eines islamischen Heeres die Atlantikküste. Viele Berber wenden sich dem neuen Glauben zu, aber finden sich nicht mit der Herrschaft der Umayyaden-Kalifen ab: Bald schlägt das Heer der Berberkönigin Kahina die Araber nach Tunesien zurück. Die Provinz Ifriqiya (Afrika) des Kalifenreichs bleibt im 8. Jahrhundert umkämpft. Der umayyadische Heerführer Tariq ibn Ziyad setzt 711 von Marokko mit einer Armee nach Gibraltar über und beginnt damit die muslimische Eroberung Spaniens. Doch weiter südlich erheben sich 740 fanatische Berber gegen die Kalifenherrschaft: Die Sekte der Charidschiten wehrt sich gegen die Behandlung der konvertierten Berber als „Muslime zweiter Klasse" – denn nach dem Islam sind alle Muslime gleich. Die Provinz Ifriqiya zerfällt in lokale Königreiche. Ende des 8. Jahrhunderts gelingt es Idris

ibn Abdallah, einem aus Arabien geflohenen Schiiten und Nach-
kommen Mohammeds, ein größeres Staatsgebilde zu schaffen: Als
Idris I. begründet er die erste marokkanische Herrscherdynastie.
Nach seiner Ermordung 792 (und bis heute) wird er als Heiliger
verehrt. Sein Sohn Idris II. vergrößert das Heerlager „Madinat
Fas" zur Königsstadt Fes und dehnt das Reich bis nach Andalusien
aus. Nach seinem Tod aber zerfällt es in Kleinstaaten. Unter der
Herrschaft der Idrisiden kommt es zum „goldenen Zeitalter" im
Maghreb (arabisch *maghrib*, „Westen"): In Fes entsteht ein Vor-
gängerbau der Kairaouine-Moschee, die arabische Kultur und der
islamische Glaube breiten sich aus. Doch die Idrisidenherrschaft ist
von Süden her bedroht, wieder durch fanatisierte Berber aus der
Sahara, die Sanhadscha. Geführt von Abu Bakrrode und Yahya ibn
Umar brennen sie Außenposten der Idrisiden nieder und geißeln
die losen Sitten der Bevölkerung. Aus den Führern der Sanhadscha
wird die Almorawiden-Dynastie, aus einem Heerlager im Haouz
um 1070 deren Hauptstadt Marrakesch. Sultan Yusuf bin Taschfin
baut Fes prächtig aus und fördert die Kultur; das Reich wird erwei-

*Ein Berbermädchen aus dem Hohen
Atlas. Etwa 35 % der marokkanischen
Bevölkerung sind Berber. Ihre genaue
Herkunft ist ungeklärt. Möglicherweise
wanderten ihre Vorfahren bereits um
8.000 v. Chr. nach Nordafrika ein. Sie
Selbst nennen sich Imazighen, die
„Freien", oder bezeichnen sich nach
den Völkern, denen sie angehören.*

tert. Sein Sohn Ali bin Yusuf ist politisch weniger erfolgreich: Er erkennt die Gefahr durch den religiösen Eiferer Ibn Tumart zu spät. Dieser hat viele Anhänger im Hohen Atlas um sich geschart und erklärt sich 1121 zum „Mahdi" (etwa „Messias"). Seine Almohaden stürzen die in ihren Augen korrupten Almoraviden und erobern 1145 Fes, 1147 Marrakesch, später die Gebiete in Andalusien. Abu Yusuf Yaqub, ein Almohaden-Statthalter in Sevilla, schafft es 1184, nicht nur Kalif zu werden; al-Mansur, „der Siegreiche", wird er genannt, da er fast ganz Spanien wieder unter islamische Kontrolle bringt. Ein Zeitgenosse al-Mansurs ist der Philosoph Ibn Rushd (Averroës) – auch unter den orthodoxen Almohaden blüht die maghrebinisch-andalusische Kultur: Die Moschee von Sevilla (heute „La Giralda" genannt) entsteht und in Marrakesch die Koutoubia-Moschee. Unvollendet bleibt die Hassan-Moschee in Rabat, der neuen Hauptstadt al-Mansurs.

Nach al-Mansurs Tod geht der Einfluss der andalusischen Kultur in Marokko zurück. In Spanien trotzen christliche Könige den Almoraviden Gebiete ab. An-Nasir, al-Mansurs Sohn, hat gegen die verbündeten kastilischen Könige und gegen Angriffe im Süden keine Chance. Es ist das Zeitalter der europäischen Kreuzzüge, auch wenn in Spanien die Fronten zwischen Christen und „Mauren" nicht immer klar verlaufen. Südlich von Gibraltar scheint sich die Geschichte erneut zu wiederholen: Das Berbervolk Banu Merin, später Meriniden genannt, erobert das zerfallende Almohaden-Reich. 1248 wird Fes ihre Hauptstadt, 1269 fällt Marrakesch. Auch bei ihrer Machtübernahme geht es um eine religiös-moralische Umkehr, die von Marabut, „heiligen Männern", gepredigt wird. Der Bau von Religions- und Gesetzesschulen, *medersa* (oder Medressen) genannt, ist für die Meridenzeit typisch. Doch schon Ende des 13. Jahrhunderts beginnt der Niedergang: 1306 erobern kastilische Truppen Städte in Nordmarokko, es folgen Jahrzehnte der Anarchie. Der Meridensultan Abu l-Hassan schafft es Mitte des 14. Jahrhunderts, kurzzeitig an vergangene Größe anzuknüpfen. Als dessen Nachfolger Abu Inan Faris 1358 ermordet wird, werden die Meriniden bedeutungslos. Zwar sitzen weiter Meriniden auf dem Thron, doch sie sind Marionetten des nun eigentlich regierenden Wattasiden-Clans. Ab 1471 erobern von Norden her die Portugiesen allmählich die Küstenstädte am Atlantik. Ab etwa 1510 nehmen die Saadier aus dem Draa-Tal im Süden den Kampf

Die Ruinen der Stadt Karthago im heutigen Tunesien. Die Karthager stiegen zwischen dem 9. und dem 2. vorchristlichen Jahrhundert zu einer bedeutenden Seemacht im Mittelmeer auf; einige ihrer Kolonien lagen an der heutigen marokkanischen Küste, teilweise sogar an der Atlantikküste.

Das Grabmal für für Idris ibn Abdallah, des Begründers der ersten marokkanischen Herrscherdynastie. Idris I. kam aus Arabien in den Maghreb – nach einem gescheiterten Umsturzversuch gegen die in Bagdad herrschenden Kalifen. Doch deren Arm war lang: Harun al-Raschid ließ Idris 791 vergiften. Sein Grab in Moulay Idriss bei Meknes wurde Marokkos wichtigster Wallfahrtsort.

Links: In der zum Grabmal des Idris Ibn Abdallah gehörenden Moschee in Moulay Idriss

Nahe Tafraoute im Antiatlas befinden sich die „Blauen Steine" des belgischen Künstlers Jean Vérame. 1984 hat er hier Felsen mit 18 Tonnen Farbe in rot, blau, schwarz und violett bemalt.

Die Ruinen des römischen Volubilis bei Meknes. Volubilis wurde nach der Teilung des Königreichs Mauretania die Provinz-hauptstadt von Mauretania Tingitana. Bis 285 n. Chr. stand es in kultureller Blüte, auch noch, nachdem Tanger Provinzhauptstadt geworden war.

Die eindrucksvollen Ruinen des El-Badi-Palastes in Marrakesch. Geplant und erbaut wurde das Großprojekt in der Zeit des Saadier-Sultans Ahmed el-Mansur, genannt ed-Dhabi, „der Goldene".

gegen die Wattasiden und gegen die Portugiesen auf. Schon 1525 fällt Marrakesch an die neue Dynastie, 1554 Fes, und in der „Dreikönigsschlacht" schlägt Sultan Mohammed 1578 die Portugiesen. Unter seinem Bruder Sultan Ahmed al-Mansur erlebt das Saadier-Reich eine bemerkenswerte politische, kulturelle und wirtschaftliche Blüte; sein Einfluss reicht sogar bis zum Niger (Eroberung Timbuktus 1591). In Marrakesch lässt „der Goldene", so der Beiname Sultan Ahmeds, den riesigen El-Badi-Palast bauen. Die Vertreibung von Muslimen und Juden aus dem nun christlichen Spanien führt zu Einwandererströmen der Morisken (spanisch: *morisco*, „kleiner Maure") nach Nordmarokko, vor allem ins Rifgebirge und nach Salé. Nach dem Tod Ahmed al-Mansurs 1603 folgt eine Zeit des Verfalls. Die Spanier erobern Hafenstädte im Norden; in Rabat und Salé gründen Morisken einen Piraten-Kleinstaat („Korsarenrepublik"). Die Alawiten aus dem Tafilalet im südlichen Marokko erlangen schließlich 1659 die Macht im Lande. Ihr herausragender Vertreter ist Sultan Mulay Ismail (1672–1727). Er ist zwar als Despot im eigenen Lande gefürchtet, lässt Familienmitglieder ermorden und stützt seine Macht auf eine senegalesische Sklavenarmee (seine 150.000 Mann starke „schwarze Garde"), doch er erobert wichtige Hafenstädte zurück und lässt Meknes zu einer Hauptstadt ausbauen. Da er seine Nachfolge ungeregelt lässt, folgt nach seinem Tod ein langer, bis 1757 andauernder Krieg um das Sultanat. Im 18. und 19. Jahrhundert schließlich gehen in Marokko Politik, Seehandel und Piraterie Hand in Hand, was Spanien einen Vorwand bietet, militärisch zu intervenieren. Und andere Kolonialmächte wollen ebenfalls Einfluss nehmen in Marokko: Großbritannien, Frankreich und auch Deutschland. Zugleich erheben sich Berberstämme gegen die Zentralgewalt. Beides, interne Probleme und internationaler Druck, höhlt die Herrschaft der Sultane aus. Der „Zankapfel" Marokko wird schließlich 1912 aufgeteilt: Der größere Teil wird französisches, ein kleinerer Teil spanisches „Protektorat" – de facto übernehmen also Kolonialherren die Macht, auch wenn weiterhin ein Alawitensultan auf dem Thron sitzt. Die Franzosen schaffen eine moderne Infrastruktur mit Eisenbahnen, Straßen und Elektrizität und erweitern die Städte durch moderne europäische Viertel, Nouvelles Villes („neue Städte"). Es kommt immer wieder zu Aufständen der Bevölkerung, die blutig niedergeschlagen werden. Die Rebellion der Rif-Berber unter Abd el-Krim weitet sich 1921 zum Rifkrieg aus, den Frankreich und Spanien nur gemeinsam (und durch den Einsatz chemischen Waffen) beenden können. Im Zweiten Weltkrieg wird Marokko Aufmarschgebiet für die Alliierten. Nach dem Krieg organisiert eine erstarkende nationale Bewegung den Widerstand. Wohl weil sich auch die USA für die Unabhängigkeit Marokkos starkmacht, beschließt Frankreich den Rückzug aus Marokko; auch der Indochinakrieg und die Aufstände in Algerien mögen Gründe gewesen sein. Am 16. November 1955 besteigt Mohammed V. den Thron, der zwei Jahre zuvor abgesetzt worden war. Formell wird Marokko 1956 unabhängig von Frankreich und Spanien. Nach dem Tod Mohammeds 1961 wird sein Sohn Hassan II. sein Nachfolger. Die Zeit nach der Unabhängigkeit ist unter anderem geprägt von Konflikten mit Algerien und internationalen Verwicklungen um die Westsahara, die von Marokko 1975 nach dem Rückzug Spaniens annektiert wird. Im Juli 1999 wird Mohammed VI. König. Viele Hoffnungen ruhen auf dem jungen Monarchen – wird er es schaffen, das Land aus den zahlreichen Problemen und in das 21. Jahrhundert zu führen?

Die reichhaltige Ornamentik der islamischen Kunst – Darstellungen von Menschen und Tieren sind im Islam verboten – verbreitete sich ab dem 16. Jahrhundert auch in Europa und wurde wegen ihrer arabischen Herkunft dort „Arabeske" genannt. Ornamentales Detail der Innenausstattung eines historischen Palasts in Marrakesch.

Der Nordwesten

Die sich gegenüberliegenden Schwesterstädte Rabat und Salé.

Rabat ist die Hauptstadt Marokkos und somit ein würdiger Beginn für eine Tour zu einigen Höhepunkten dieses wunderbaren nordafrikanischen Landes. Allerdings – sonderlich afrikanisch oder orientalisch mutet Rabat nicht an. Es ähnelt stark einer europäischen Großstadt, ist aber gerade deshalb ein idealer Start für Marokko-Neulinge. Über Rabats nördliche Schwesterstadt Salé führt uns der Weg die Atlantikküste hinauf nach Tanger. In Marokkos Nordwesten hat Europa deutliche Spuren hinterlassen; es liegt bei Tanger ja auch nur ein paar Kilometer entfernt. Und mit den Enklaven Ceuta und Melilla hat die einstige Kolonialmacht Spanien immer noch Außenposten auf dem afrikanischen Kontinent – „Europa in Afrika" sozusagen.. Diese durch europäische Einflüsse besondere Atmosphäre prägt Nordmarokko und ist keineswegs nur ein Produkt der eigentlichen Kolonialzeit. Sie ist auf eine lange gemeinsame, auch von Konflikten geprägte Geschichte des Mittelmeerraums zurückzuführen.

Rabat und das benachbarte Salé bilden eine Art „Doppelstadt" beiderseits der Mündung des Oued Bou Regreg. Die Hauptstadt liegt auf der südwestlichen Seite; sie ist mit 1,7 Millionen Einwohnern die zweitgrößte Stadt Marokkos und erstaunt durch ihre entspannte und gepflegte Atmosphäre. Doch mit ihren noch erhaltenen alten Bauten schlägt sie zugleich einen Bogen zu Marokkos bewegter Vergangenheit. Seit der Franzosenzeit ist Rabat königliche Residenz, mit der Unabhängigkeit wurde es Parlaments- und Regierungssitz. Neben Fes, Marrakesch und Meknes ist sie die „vierte Königsstadt" des Landes. Im 10. Jahrhundert entsteht südlich des Flusses ein befestigtes Kloster, auf arabisch *er-ribat*, „befestigter Ort". Als Salé um 1150 zerstört wird, wird das Kloster zur Kasbah (Zitadelle) erweitert – die heutige „Kasbah des Oudaïas". Von hier aus unternehmen die Almohaden ihre Feldzüge nach Andalusien. Erstmals wird Rabat im 12. Jahrhundert unter dem Almohadensultan Yaqub al-Mansur zur Hauptstadt. Eine mäch-

tige Stadtmauer entsteht, und die Kasbah erhält ein imposantes Stadttor, das Bab Oudaïa. Die geplante riesige Hassan-Moschee aber wird nie vollendet, heute erinnern der Hassanturm und ein Säulenfeld an diese hochfliegenden Pläne (das Minarett ist immerhin 44 Meter hoch geworden). Nach dem Tod des „siegreichen" Sultans wird Marrakesch die Residenz. Und damit beginnt die lange Zeit des Niedergangs – von der Königsstadt zum Piratennest. Nachdem Sultan Mohammed bin Abdallah Rabat Ende des 18. Jahrhunderts nur kurz wiederbelebt hat, sind es schließlich die Franzosen, die Rabat 1912 zur Hauptstadt des französischen Protektorats machen, wohl auch, weil sie der Bevölkerung in Fes und Marrakesch nicht trauen. Damit muss auch Sultan Mulay Youssef seine Residenz hierher verlegen. Südlich der alten mauerumschlossenen Medina legen sie eine moderne Neustadt an.

Rabats Medina hingegen ist für den Besucher ideal als „Einstieg" in die Medinas des Landes: Im 17. Jahrhundert wurde sie (nach schwerem Artilleriebeschuss durch die Franzosen) am Reiß-

Rabats Oudaïa-Kasbah. Eindrucksvoll und leicht zu verteidigen thront die Kasbah über der Flussmündung. Von den seeseitigen Stadtmauern hat man eine tolle Sicht aufs Meer.

Ein Tor des Königspalasts in Rabat. Die wirklich spektakulären Teile des Komplexes sieht man als Besucher nicht, da der Zutritt nicht gestattet ist. Ein eindrucksvolles Spektakel ist der Wachwechsel alle zwei Stunden.

In den Ruinen der Meriniden-Totenstadt oder Chellah (14. Jahrhundert). Etwas südlich von Rabats Innenstadt bietet sie als friedliche Oase Ruhe am Stadtrand. Lange bevor die Meriniden ihre Nekropole bauten, existierte hier die römische Stadt Sala Colonia. Heute findet man hier schattige Obstbäume, überwucherte römische und islamische Ruinen – und einige Storchennester.

brett neu geplant. Das macht sie sehr übersichtlich, verglichen mit den labyrinthischen Medinas von Fes oder Marrakesch. Sie ist dennoch sehenswert: Hier sind kaum Touristen unterwegs, und Händler, Märkte und Geschäfte für Gewürze, Textilien und Lederwaren findet man auch hier, z. B. in der Rue Souïka. Nördlich der Medina liegt die Oudaïa-Kasbah (Kasbah des Oudaïas). Dieser älteste Stadtteil Rabats ist sicherlich die Hauptsehenswürdigkeit der Stadt. Eindrucksvoll und leicht zu verteidigen thront die Kasbah über der Flussmündung. Hier drängen sich weiße und farbig getünchte Altstadthäuser eng aneinander. Der schönste Eingang zur Kasbah ist das von feinen Reliefs gesäumte Almohaden-Tor Bab Oudaïa (von 1195). Der heutige Königspalast (18. Jahrhundert), liegt südlich der Medina, noch weiter im Süden liegt die Chellah, die Nekropole der Meriniden-Herrscher.

Salé, Rabats Schwesterstadt am Nordufer des Oued Bou Regreg, war früher einmal die bedeutendere von beiden. Sie ist auch älter, zumindest dem Namen nach: Sala Colonia war der Name der römischen Ansiedlung, die sich am Südufer des Oed Bou Regreg befand. Deren Überreste allerdings liegen in der Chellah von Rabat. Die mauerumschlossene Altstadt in Salé ist eine andere Welt, verglichen mit dem eher modernen Rabat – und doch nur wenige Hundert Meter entfernt. Kurz nach der Überquerung der Hassan-II.-Brücke durchschreitet man ein mittelalterliches Stadttor (Bab el-Mrisa) und gelangt in die belebten und überfüllten Gassen einer orientalischen Medina. Das seit dem 10. Jahrhundert bestehende Salé war im 16. und 17. Jahrhundert zusammen mit Rabat als Seeräuberstützpunkt sehr berüchtigt; die sogenannte „Korsarenrepublik Bou Regreg" bildete ab 1627 für einige Jahrzehnte einen kleinen unabhängigen Staat. Die heutige Medina entstand in dieser Zeit. Die Piraten wurden schließlich erst 1818 endgültig vertrieben. Mit dem Aufstieg Rabats zur Hauptstadt Anfang des 20. Jahrhunderts verkam Salé zur Schlafstadt – außerhalb der Altstadt gibt es für Besucher wenig Spektakuläres. In früheren Zeiten aber war die Stadt ein sehr wichtiges Zentrum islamischer Frömmigkeit und Gelehrsamkeit. Der bedeutendste Sakralbau Salés, die merinidische Medersa Abu l-Hassan, erinnert daran. Sie ist eine schon im 14. Jahrhundert gegründete Koranschule, gilt als eine der schönsten der Merinidenzeit und ist als Museum zu besichtigen. Sie liegt ein wenig nördlich vom sehenswerten Souk el-Kebir, der

Der Hassanturm in Rabat, das unvollendete Minarett der merinidischen Hassan-Moschee. Sie war ein Bauprojekt des Sultans Yaqub al-Mansur, das 1195 begonnen wurde. Das Minarett sollte 60 Meter hoch werden, 44 Meter sind es heute. Von der gleichfalls unvollendeten Moschee ist nur ein Wald von Säulenstümpfen geblieben.

Nächste Doppelseite: *Gegenüber den Überresten der nie fertiggestellten Hassan-Moschee befindet sich das Mausoleum Mohammeds V. Nicht nur der namensgebende Großvater des heutigen Königs ist hier beigesetzt, auch sein Vater Hassan II. fand hier seine letzte Ruhe.*

großen, modernen Markthalle im Zentrum der Medina. Direkt neben der Medersa befindet sich die noch ältere Grande Mosquée, die in der Zeit der Almohaden ausgebaut wurde (13. Jahrhundert), manche Teile sind aber möglicherweise noch älter. Sie ist für Nicht-Muslime nicht zugänglich. Dafür aber kann man sich die Medersa ansehen.

Auf dem Weg von Salé zu den Ruinen der antiken Stadt Lixus (bei Larache) kann man bei Kénitra einen Korkeichenwald besu-chen. Ebenfalls Natur pur bietet das Wildvogelreservat Merdja Zerga – dort sind Flamingoschwärme, Seidenreiher, Kiebitze und andere Vögel zu beobachten.

Wie Rabat liegt **Larache** an einer Flussmündung, am Oued Loukos, wo arabische Neusiedler nach der Islamisierung unweit des römischen Lixus eine neue Ortschaft anlegten. Später geriet das Städtchen mehrmals in spanische Hand; 1911, in der Zeit des spanischen Protektorats, wurde Larache sogar zum Haupthafen Spanisch-Marokkos. Entsprechend hat die spanische Kolonial-architektur hier ihre Spuren hinterlassen. Auf dem Fremdenfried-hof liegt der skandalumwitterte französische Dichter Jean Genet begraben. Fährt man weiter Richtung Norden die Küstenstraße entlang, erreicht man bald die Ruinen des antiken **Lixus**. Zwar hat die Natur viele der Ruinen überwuchert, dennoch ist die Anlage bemerkenswert. Erst ein Viertel ist von internationalen und marok-kanischen Archäologenteams ausgegraben worden. Die älteste Vorläuferin von Lixus wurde schon etwa 1.000 v. Chr. von den Phöniziern angelegt, Reste einer Megalithkultur deuten gar auf noch ältere Besiedlung hin. Bis zum 5. Jahrhundert war Lixus ein Hauptort der römischen Provinz Mauretania Tingitana, ähnlich wie das nahe Meknes gelegene Volubilis.

50 km südlich von Tanger an der Küstenstraße liegt die beschauliche schöne Kleinstadt **Asilah** (etwa 20.000 Einwohner). Ihre reizvolle kleine Medina aus portugiesischer Zeit erhebt sich direkt an der Meeresküste und wurde in den letzten Jahren schön saniert. Es gibt hier, in Reichweite der Metropole Tanger, auch eine florierende Kunstszene. Im Sommer ist wegen der breiten Strände zwar viel los in Asilah, trotzdem ist die Stadt wesentlich entspannter als die Großstadt Tanger. Stimmungsvoll ist vor allem

Anfang des 20. Jahrhunderts ließ sich der Stammesführer Er-Raisouli zum „Sultan von Asilah" ausrufen. In der Gegend war er als Mörder und Räuber gefürchtet. Durch die erfolgreiche Entführung reicher Ausländer machte er sogar internationale Schlagzeilen. Auch nachdem die Spanier ihn von der Küste vertrieben hatten, trieb er bis 1925 sein Unwesen im Rif. An ihn erinnert in der Stadt der „Palais Raisouli".

ein Rundgang an den alten Befestigungsanlagen entlang, mit tollen Ausblicken auf das Meer. Auch Asilah war schon in der frühen Antike besiedelt. Aus dem ursprünglich karthagischen Silis wurde später das römische Zilia. Nach der islamischen Eroberung des Maghreb wurde Asilah im 10. Jahrhundert ein Stützpunkt der Idrisiden. 1471 nahmen die Portugiesen den Ort ein und verstärkten die Mauern ihres neuen Stützpunkts. Asilah fiel an die Spanier, 1691 eroberte Alawitensultan Mulay Ismail die Stadt zurück, fast gleichzeitig mit Tanger, dessen britische Garnison er jahrelang hatte belagern lassen.

Das Stadttor Bab Fah, der Eingang zu Tangers Medina. Davor liegt der belebte Platz, „Grand Socco" genannt. Er heißt eigentlich „Place du 9 Avril 1947". „Socco" ist die spanische Version des arabischen souk oder suq, „Markt" – und der findet hier zweimal pro Woche statt.

Die kosmopolitische Hafenstadt **Tanger** (670.000 Einwohner) ist aktuell die fünftgrößte Stadt Marokkos. Schon immer übte sie eine unwiderstehliche Anziehungskraft auf Fremde aus, zunächst vor allem wegen ihrer heiß begehrten strategischen Lage an der Meerenge von Gibraltar. Entsprechend hat Tanger eine lange, sehr turbulente und vor allem internationale Geschichte. Sie beginnt schon in phönizischer Zeit, später kommen Griechen und Römer. Kaiser Caligula macht den Ort Tingis zur Provinzhauptstadt und zur Namensgeberin der Provinz Mauretania Tingitana. Nach der Eroberung durch Vandalen im 5. Jahrhundert wird die Stadt bald darauf byzantinisch. Anfang des 8. Jahrhunderts verleiben die Umayyaden Tanger ihrem Kalifat ein. In den folgenden Jahrhunderten wechselt die Stadt mehrmals den Besitzer. In der Merinidenzeit schließlich steigt Tanger zum wichtigen Hafen auf, der 1471 portugiesisch wird. 1661 fällt Tanger, diesmal ohne einen Schuss, an England! Tanger ist die Mitgift an König Karl II., als er die portugiesische Prinzessin Katharina von Braganza ehelicht. Mehr als ein Jahrhundert später, 1783, zerstören die Briten Stadt und Hafen. Eine vierjährige Belagerung durch Sultan Mulay Ismail hat die Briten schließlich zum Abzug gezwungen. Bis Mitte des 19. Jahrhunderts bleibt Tanger marokkanisch. Im Zeitalter der weltumspannenden Kolonialreiche interessieren sich Franzosen, Briten, Amerikaner und auch die kolonial „zu kurz gekommenen" Deutschen für die Stadt: Bereits seit 1821 gibt es eine amerikanische diplomatische Vertretung in Tanger. In der Konvention von Madrid 1880 zwingen die europäischen Kolonialmächte und Amerika Marokko de facto in koloniale Abhängigkeit. Das von allen heiß begehrte Tanger erhält einen besonderen internationalen Status; damit haben die USA, Großbritannien, Italien, Frankreich,

Tanger: Einige schön restaurierte Häuserfronten mit Straßencafés. Leider wird das architektonische koloniale Erbe nicht überall in der Stadt so gepflegt wie hier.

Spanien und einige andere in der Stadt das Sagen. Mit der „ersten Marokkokrise" führen sie Anfang des 20. Jahrhunderts in Tanger ein Vorspiel zum Ersten Weltkrieg auf. Deutschland befürchtet um 1900, es könne bei der „Verteilung" neuer Kolonien in Nordafrika leer ausgehen, denn Frankreich und Großbritannien führen darüber Geheimgespräche. Ein schlecht beratener Kaiser Wilhelm II. legt 1905 mit seiner Yacht „Hohenzollern" in Tanger an und sorgt mit diesem provokanten Besuch für Spannungen. Schließlich muss das Deutsche Reich aber 1912 Frankreich und Spanien als „Schutzmächte" Marokkos akzeptieren. Doch Tangers internationaler Status bleibt bestehen. Wegen dieses Sonderstatus und wegen der Zollfreiheit lebt hier eine größere Kolonie europäischer und amerikanischer Ausländer, darunter Künstler und Bohèmiens. Nach der Unabhängigkeit wird der internationale Status aufgehoben, seit 1960 gehört Tanger also ganz offiziell zu Marokko. Dennoch gilt auch nach dem Abzug der Bohème und der Schließung der Drogenhöhlen und Schwulenbars in der 1960er Jahren: Tanger ist zwar das Tor zu Marokko, aber es ist nicht Marokko.

Tangers kleine Medina liegt auf einem Hügel am nordöstlichen Rand der Stadt und ist im Westen, Süden und Südosten von der Ville Nouvelle umgeben. Am Schnittpunkt beider liegt der Platz „Grand Socco". Zu den Markttagen reisen auch farbenfroh gekleidete Berberinnen aus dem Rif an; für Unterhaltung sorgen Gaukler und Märchenerzähler. Am Grand Socco befindet sich auch der Eingang zur Medina, das Stadttor Bab Fah. Von hier aus führt eine geschäftige Straße in südwestlicher Richtung ins Zentrum der kolonialen Ville Nouvelle. In den Straßen und Boulevards um die Place de France liegen Banken, Bars und Hotels. Geht man durch das Bab Fah in die Medina hinein, vorbei an den Schmuckgeschäften und Gemüseverkäufern der Rue as-Siaghîn, so erreicht man den kleinen Marktplatz der Medina, „Petit Socco". Einst war er ziemlich verrufen wegen der eindeutigen Angebote von Strichjungen, Dealern und Zuhältern. Das zwielichtige Volk ist heute so gut wie verschwunden; das Café Central ist ein guter Ort, das bunte Treiben auf dem Platz zu beobachten. Schon William Burroughs kehrte hier ein. Im nördlichen Teil der Medina liegt die verwinkelte Kasbah, in deren Gassen man sich ziemlich leicht verläuft. Dann kann man nette Einheimische nach dem Weg fragen; viele sprechen Französisch, einige Englisch, manche sogar Deutsch.

Die Bohème und Tangers „Interzone"

In der Zeit nach dem Zweiten Weltkrieg war so ziemlich jeder berühmte amerikanische Schriftsteller einmal hier. In der „Inter-zone" blühte die Kultur, aber vor allem blühten Schmuggel, Spionage, Pädophilie und Drogenmissbrauch. Doch bereits in den 1830ern war der französische Maler Eugène Delacroix von Tangers exotischem Flair beeindruckt, das er in einigen Gemälden festhielt; ebenso Henri Matisse, der vor dem Ersten Weltkrieg durch Marokko reiste. Der Amerikaner Paul Bowles war der Promi-nente, der Tanger am längsten die Treue hielt: Er lebte hier bis zu seinem Tod 1999. Die Verfilmung seines Romans *Der Himmel über der Wüste* machte den exzentrischen Schriftsteller weltbekannt. In den frühen dreißiger Jahren reiste der junge Paul Bowles zum ersten Mal nach Marokko. In den 1940er Jahren, als er schon ein bekannter Literat, Übersetzer und Komponist war, zog er mit seiner Frau Jane dauerhaft nach Tanger um. Bowles' Kollege, der Beat-Schriftsteller William S. Burroughs, lebte in den fünf-ziger Jahren einige Zeit in Tanger, das er in seinen halluzinatorischen Texten „Interzone" nannte. Den homosexuellen Burroughs reizten sicherlich zunächst die Strichjungen und die leicht erhältlichen Drogen. Burroughs Freunde Jack Kerouac und Allen Gins-berg besuchten ihn 1957; andere Besucher und zeitweilige Einwohner Tangers waren Truman Capote, Tennessee Williams, Gore Vidal, André Gide, Jean Genet und die Woolworth-Erbin Barbara Hutton, die hier rauschende Partys feierte.

„Weiße Taube auf der Schulter Afrikas" hat man Tanger genannt. Kommt man näher heran, sieht man auch Verfall und blätternde Farbe. Dennoch – die geschäftige Hafenstadt Tanger hat ihren Reiz, wenn man sich auf ihre Atmosphäre einlässt. Hier und da zeugen einst prächtige Fassaden von der großen Zeit der Internationalen Zone, als die Stadt bei Prominenten „in" war.

Rechts: Sonnenuntergang über Tanger. Die nordwestlichste Großstadt Marokkos soll – der Legende nach – vom Riesen Antaeus gegründet worden sein. Der Riese war der Sohn des Meeresgotts und der Erdgöttin. Der Held Herakles (Herkules) besiegte ihn und hatte auch noch ein anderes Abenteuer hier zu bestehen; daher hieß die Meerenge von Gibraltar in der Antike „die Säulen des Herakles". In Höhlen südwestlich von Tanger hat der Held der Sage nach gewohnt.

Die spanischen Enklaven Ceuta und Melilla

Die spanische Enklave **Ceuta** liegt direkt gegenüber von Gibraltar. Vom Monte Hacho nordöstlich der Stadt scheint es, als könnte man hinüber auf das spanische Festland und den berühmten Felsen spucken. Die Kleinstadt (75.000 Einwohner) auf der ins Mittelmeer ragenden Landzunge wirkt wie eine andalusische Stadt, sauber und entspannt, ist zugleich aber unverkennbar nordafrikanisch geprägt; spanisch ist Ceuta seit 1580. Zusammen mit der Enklave Melilla weiter östlich (und einigen Inseln) ist Ceuta ein „Stachel im Fleisch" Marokkos. Immer wieder werden in Marokko Stimmen laut, die fordern, diese Überbleibsel aus der Kolonialzeit ins Königreich einzugliedern. Um die unbewohnte, offiziell spanische „Petersilieninsel" (Isla de Perejil) gab es erst 2002 eine militärisch-diplomatische Posse, als Marinesoldaten dort die marokkanische Flagge hissten und Spanien prompt mit militärischem Muskelspiel und „Rückeroberung" des winzigen Felseneilands reagierte. In letzter Zeit sind die Beziehungen aber wieder relativ gut. Die Reste der alten Stadtmauern (Murallas Reales) aus dem 16. Jahrhundert sind die Hauptsehenswürdigkeit Ceutas. Auch heute bestimmt das spanische Militär das Leben im Stützpunkt. Geschäfte legaler und halblegaler Art florieren in Europas afrikanischem Außenposten. Spanische Bürger genießen besondere Steuererleichterungen, dementsprechend ist das Leben teuer.

Melilla, einige Hundert Kilometer weiter östlich, ist ebenfalls spanische zollfreie Zone und Hafen. Hier gelang den Spaniern die Eroberung schon 1497, auch hier kam es immer wieder zu Versuchen, die Stadt zurückzuerobern, doch die heute noch zu besichtigenden dicken Mauern der Medina hielten stand. Heute möchten sehr viele hoffnungsvolle jungen Afrikaner, meist aus westafrikanischen Ländern, über Melilla nach Europa – auf der Suche nach einem besseren Leben. Im Herbst 2005 kam es zu einem Ansturm von 700 Migranten auf die EU-Grenze bei Melilla, bei dem die marokkanische Polizei einige Auswanderer durch Schüsse verletzt haben soll. Die nun verstärkte Grenze um Melilla und Ceuta führt dazu, dass mehr Einwanderer versuchen, in untüchtigen Booten Südspanien oder die Kanaren zu erreichen – wobei viele von ihnen umkommen.

Blick nach Europa, das Kap Spartel,
in der Nähe von Tanger. Hier beginnt die
Straße von Gibraltar.

Casablanca, die Atlantikküste und der Südwesten

Natürlich sieht man in der Stadt auch Verweise auf „*Casablanca*", den berühmten Film. Und das, obwohl keine einzige Szene des Films mit Humphrey Bogart und Ingrid Bergman hier gedreht wurde (sondern 1942 in Hollywood). Die Bar des Luxushotels Hyatt Regency ist mit Fotos aus dem Film dekoriert, und allabendlich spielt am Flügel ein schwarzer Pianist „As time goes by".

Casablanca, arabisch Dar el-Baïda (beides bedeutet „weißes Haus"), ist Marokkos größte Stadt und das wirtschaftliche Zentrum des Landes.

Viele Marokko-Reisende kommen hier an, auf dem internationalen Flughafen Mohammed V. Schon aus der Luft sieht man: Casablanca ist riesig. Im Taxi auf dem Weg ins Zentrum erlebt der Reisende dann eine quirlige, geschäftige und moderne Stadt – knapp drei Millionen Marokkaner leben im eigentlichen Stadtgebiet, im Großraum sogar fast vier Millionen. Die sozialen Kontraste zwischen dem fast südeuropäischen Flair im Zentrum und den Elendsquartieren am Rand, hier *bidonvilles* genannt, sind groß. Viele Marokkaner kommen vom Land in die Großstädte, weil sie sich Wohlstand erhoffen, aber nicht alle erreichen dieses Ziel. Die, die es zu etwas gebracht haben, können den kosmopolitischen Lebensstil Casablancas genießen. Ja, in den alten Königsstädten Marrakesch und Fes ist die Atmosphäre sicherlich „orientalischer" als hier, wirklich bedeutende Sehenswürdigkeiten aus Marokkos guter alter Zeit gibt es in Casablanca kaum. Dafür beeindruckt die Verbindung von Tradition und Moderne, die sich besonders in der Stadtplanung und Architektur aus der Kolonialzeit verkörpert – wenn man sich vom lärmenden Verkehr nicht aus der Ruhe bringen lässt.

Immerhin ist Casablanca alt: Im 8. Jahrhundert gegründet, wird es im 12. Jahrhundert von den Almohaden erobert und ist danach wichtiger Hafen und Piratenunterschlupf. Die Portugiesen kommen im 16. Jahrhundert, weil sie einen Stützpunkt für ihren Afrika-Handel brauchen. Das große Erdbeben von 1755 verwüstet nicht nur Lissabon, sondern auch Nordafrika und eben jenes portugiesische Casa Branca. Es wird vom Sultan Muhammad bin-Abdallah wenig später als Dar el-Baïda wieder aufgebaut. Spanische Händler lassen sich um 1850 erstmals hier nieder, ihnen verdankt Casablanca seinen heutigen Namen. Die Franzosen bauen hier 1907 den

modernen Hafen und machen die Stadt zum Wirtschaftszentrum; im Zweiten Weltkrieg treffen sich hier Churchill und Roosevelt (zur Casablanca-Konferenz). Die Stadt wird zum wichtigen US-Luftwaffenstützpunkt. „Rick's Café Américain" und den Pianisten Sam hat es hier allerdings nicht gegeben; der berühmte Film Casablanca spielt zwar in Marokko, wurde aber in Hollywood gedreht.

In der noch immer mauerumschlossenen alten Medina (Ancienne Médina) stammen die meisten Häuser aus dem 19. Jahrhundert. Ein paar Kilometer südöstlich der alten Medina wurde in den 30er Jahren eine „neue" Medina (Nouvelle Médina, oder auch: Quartier des Harbous) angelegt, die idealisierte Version einer traditionellen marokkanischen Stadt. Die französischen Stadtplaner wollten hier einer muslimischen Mittelschicht erschwinglichen Wohnraum bieten. Auch der (nicht zugängliche) Königspalast befindet sich in dieser Richtung.

Die „alte Medina" ist recht klein, denn Casablanca wuchs erst mit der französischen Kolonialzeit allmählich zu heutigen Dimensionen heran. Immerhin stammen einige Teile der Stadtmauer noch

Casablanca, die größte Stadt Marokkos und dessen wirtschaftliches Zentrum, verdankt ihre Bedeutung den Franzosen. Sie ließen Stadt und Hafen in der Kolonialzeit ausbauen.

Am Boulevard de Paris. Wenn man sich vom Verkehr nicht beirren lässt, kann man auf Spaziergängen das reiche architektonische Erbe Casablancas entdecken, einen Mix aus orientalisch-maurischem Stil und Jugendstil oder Art déco.

Das Rialto-Kino in Casablanca entstand 1930 im Art-Déco-Stil. Auch heute noch kann man hier Filme sehen und sich vorstellen, wie es war, als Édith Piaf und Josephine Baker hier auftraten.

Rechts: Die „Villa des Arts" ist eine renovierte Art-déco-Villa von 1930 und war früher ein Privathaus. Jetzt finden hier Ausstellungen mit Werken marokkanischer Maler statt.

aus der Zeit der Portugiesen, dem 16. Jahrhundert. Von der modernen Place des Nations Unies aus betritt man die Altstadt. Hier gibt es viele Wohnungen, und auf den Souks dort (von arabisch *suq*, „Markt") werden hauptsächlich neuzeitliche Waren feilgeboten. Hier lebte auch Casablancas früher große jüdische Gemeinde. Die Chleuh-Moschee und eine alte Bastion gegenüber dem Hafen sind wohl die wichtigsten Sehenswürdigkeiten in der alten Medina, wobei man als Nicht-Muslim die Moschee nicht betreten darf. Zum Glück ist das bei Casablancas neuer Hauptattraktion, der Hassan-II.- Moschee, anders: Sie ist im Rahmen von organisierten Führungen zu besichtigen. Der riesige Prachtbau erhebt sich westlich der Medina direkt am Meer. Weithin sichtbar ist das 210 Meter hohe Minarett, derzeit das höchste der Welt. Die Moschee selbst ist die drittgrößte Moschee des Islam (manche behaupten: die zweitgrößte). In jedem Fall ist sie ein Bau der Superlative: Bis zu 25.000 Personen finden in der Gebetshalle Platz und weitere 80.000 in den umliegenden Gebäuden. Am Bau wirkten allein etwa 6.000 traditionelle marokkanische Handwerker mit. Architektur und Ausstattung lehnen sich vor allem an andalusische Baustile an; Vorbild waren unter anderem die Alhambra in Granada und die Koutoubia in Fes. Der riesige Gebetssaal ist reich mit *zellij*-Kacheln (mehr als 10.000 m²), ornamentalen Schnitzereien und anderen Holzarbeiten (etwa 53.000 m²) verziert. Sie kostete eine halbe Milliarde Dollar. Tag und Nacht in etwa siebenjähriger Bauzeit errichtet, sollte die Moschee eigentlich schon 1989 anlässlich des 60. Geburtstags von Hassan II. fertig sein, wurde dann aber erst 1993 eröffnet. Nicht-muslimische Besucher können den Gebetssaal, die Räume für die vorgeschriebenen Waschungen und den Hamam (Badehaus) besichtigen. Die Besucher müssen aber, wie in einer Moschee üblich, die Schuhe ausziehen und sollten angemessen gekleidet sein: Also nicht in Shorts und Badelatschen kommen, bei den Frauen sollten Arme und Beine bedeckt sein.

Etwa 180 km südlich von Casablanca liegt das Städtchen **El-Jadida**, auch Mazagan genannt, an der Atlantikküste. Hier ist der portugiesische Einfluss unübersehbar, die Medina heißt auch Cité Portugaise („Portugiesische Altstadt"). Mazagan, oder portugiesisch Mazagão, war im 16. Jahrhundert der wichtigste portugiesische Hafen an Nordafrikas Atlantikküste und diente als Zwischenstopp für den florierenden Afrika- und später Indienhandel.

Seite 42/43: *Marokko ganz modern: der Platz der Vereinten Nationen in Casablanca bei Nacht. Hier war im Mittelalter der Marktplatz des historischen Ortes Anfa (1468 von den Portugiesen zerstört). Der französische Kolonialarchitekt Henri Prost legte am Übergang von Neustadt und Medina einen großzügigen Platz an, von dem fünf Straßen strahlenförmig abgehen. Er bildet zugleich das Zentrum der Ville Nouvelle. Der andere wichtige Platz der Stadt ist die Place Mohammed V.*

Die Hassan-II.-Moschee in Casablanca verbindet Hightech mit religiöser Tradition: Nachts wird vom Minarett ein Laserstrahl in Richtung Mekka ausgesendet. Das eigentliche technische Highlight aber ist das Dach, das sich elektrisch öffnen lässt. Durch die Fenster sieht man das Tosen des Atlantiks – die Moschee steht auf einem Felsvorsprung über der Küste. Die meisten Einwohner Casablancas sind stolz auf das neue Wahrzeichen. Aber nicht alle: Die Bewohner eines Slums wurden ohne Entschädigung vom Baugrund vertrieben. Auch viele Arbeitsunfälle während des Baus führten zu Kritik.

Rechts: *Makhamat el-Pascha heißt dieses wunderbare Gebäude in Casablancas „Neuer Medina". Es diente als Gerichtsgebäude und Residenz des Paschas. Die französischen Architekten Cadet und Brion entwarfen hier ein ganzes Viertel in „neo-traditionellem" Stil und für wohlhabende marokkanische Familien – geplant nach den Maßstäben für europäische Viertel, aber mit marokkanischer Infrastruktur: Gemeinschaftsbacköfen, Hamams und Moscheen.*

Als Sultan Mohammed ben-Abdallah die Stadt im 18. Jahrhundert eroberte, explodierten portugiesische Minen und beschädigten Mazagan schwer. Erst Anfang des 19. Jahrhunderts wurde neu gebaut: el-Medina el-Jadida heißt „die neue Stadt". Die Franzosen sprachen aber lieber von „Mazagan" und legten hier, wie andernorts, neben der Medina ihrerseits eine koloniale Neustadt an. Schon die Franzosen waren von den Stränden begeistert, die immer noch bei Marokkanern und Touristen hoch im Kurs stehen.

Heute ist „die Neue" Hafen- und wichtige Provinzhauptstadt mit mehr als 144.000 Einwohnern. El-Jadidas Altstadt, seit 2004 UNESCO-Weltkulturerbe, bietet einige pittoreske Reste portugiesischer Kolonialarchitektur, darunter mehrere Kirchen und die begehbare Stadtmauer. Das Highlight kennen Filmfans aus dem Orson-Welles-Klassiker *Othello*: In der Verfilmung des Shakespeare-Dramas dient El-Jadidas eindrucksvolle Citerne Portugaise als Kulisse. Andere Szenen entstanden in Spanien und Europa – und weiter südlich in Essaouira (siehe unten). Die „portugiesische Zisterne" war ursprünglich ein unterirdischer portugiesischer Getreidespeicher aus dem 16. Jahrhundert und diente unter anderem als Waren- und Waffenlager und später tatsächlich auch als Wasserspeicher.

Auch die etwa 100 km weiter südlich gelegene Stadt **Safi** war schon um 1500 ein von den Portugiesen genutzter Handelsstützpunkt und bietet wie El-Jadida Überreste aus dieser Zeit, vor allem eine malerische Altstadt mit teilweise überwölbten Gassen. Die Medina wirkt mit ihrer orientalischen Beschaulichkeit neben der großen und modernen Phosphatfabrik wie ein Relikt: Das moderne Safi ist ein wichtiger marokkanischer Industriestandort und Fischereihafen mit über 400.000 Einwohnern. Die Stadt ist berühmt für ihr traditionelles Töpferhandwerk. Sehenswert in der Altstadt ist die Chapelle Portugaise, der Überrest einer portugiesischen Kathedrale (aus dem 16. Jahrhundert). An der Stelle der Kathedrale steht heute die Große Moschee, die portugiesische Kapelle ist gleich dahinter. Das Dar el-Bahar („Meeresschloss"), etwas außerhalb der Medina, war zunächst portugiesische Festung und diente später als Gouverneurs-Residenz.

Alter Orient und moderne Industrie nebeneinander: Der frühere portugiesische Stützpunkt Safi fristete lange ein Schattendasein. Heute ist die Stadt ein wichtiger marokkanischer Industriestandort (im Bild: die Phosphatfabrik) und der größte Fischereihafen des Landes.

Links: *Ein Postamt aus der französischen Kolonialzeit am Boulevard Mohammed V.*

Die Stadtmauern rund um die Medina von Essaouira an Marokkos Atlantikküste.

Das kleinere und beschauliche **Essaouira** (knapp 70.000 Einwohner) bietet sich auf dem Weg zum überlaufenen Agadir als alternativer Aufenthaltsort an. Seine Bilderbuchfestung, die vollständig erhaltene Medina, macht Essaouira zu einer der schönsten Hafenstädte an der marokkanischen Atlantikküste – und zu einem Lieblingsziel von Individualtouristen. Sie folgen auch den Spuren berühmter Besucher: Im 20. Jahrhundert zog Essaouira Musiker, Kunst- und Filmschaffende an; in den 60ern und danach kamen Jimi Hendrix, die Rolling Stones, Jim Morrison, Bob Marley hierher, gefolgt von Hippies und Rucksackreisenden. Aber schon Orson Welles hatte hier Anfang der 1950er Jahre große Teile seiner Shakespeare-Verfilmung Othello gedreht – wegen Budgetproblemen in mehreren Durchgängen. In neuerer Zeit diente Essaouira als Hintergrund in Oliver Stones Antikenspektakel *Alexander*.

Früher hieß Essaouira einmal Mogador; der Name geht auf die phönizische Handelsstadt Migdol an gleicher Stelle zurück. Noch im 7. Jahrhundert wurde hier aus Meeresschnecken *(Murex brandaris)* die Farbe für die roten Gewänder der Könige gewonnen und gehandelt; Purpur wurde manchmal mit Silber aufgewogen. Auch Mogador wurde im 15. Jahrhundert zur wichtigen portugiesischen Festung mit Hafen. Eher abwärts ging es ab dem späten 16. Jahrhundert unter Saadiern und Alawitensultanen. Um dem abzuhelfen, ließ Sultan Mohammed ibn-Abdallah die Stadt umgestalten: Der französische Festungsarchitekt Théodore Cornut, der möglicherweise als Kriegsgefangener in marokkanische Dienste kam, entwarf 1765 eine neue Stadt im orientalisch-europäischen Stilmix. Aus diesem Grund ist der Grundriss der Medina auch untypisch für Marokko, nämlich rechtwinklig. Seit 2001 gehört sie offiziell zum Weltkulturerbe der UNESCO.

Der Badeort **Agadir**, 180 einsame Kilometer weiter südlich an der Atlantikküste gelegen, kann mit mehr als 300 Sonnentagen im Jahr aufwarten. Deswegen und wegen der langen Sandstrände ist er zu Recht das Ziel Hunderttausender Pauschaltouristen und der größte Badeort Marokkos. Die neue Stadt Agadir ist das Resultat des Wiederaufbaus nach dem verheerenden Erdbeben im Februar 1960, bei dem 18.000 Menschen starben. Die alte Hafenstadt war komplett zerstört. Im modernen Agadir kann man zusammen mit zahllosen Pauschalurlaubern am extrem sauberen Strand in der

*Agadirs 300 Sonnentage im Jahr und natürlich die traumhaft breiten Strände machen den Ort bei ausländischen Pauschaltou-
risten so beliebt. Gerade für Familien ist ein Strandurlaub in Agadir ideal. Von hier aus kann man auch Ausflüge nach Marrakesch
und in den Antiatlas unternehmen.*

Töpferei hat eine lange Tradition in Safi. Hier sind Teller zu sehen, die Besucher als Souvenirs mit nach Hause nehmen. In Safi hat das traditionelle Töpferhandwerk aber im 20. Jahrhundert eine Renaissance erlebt. Schon im 19. Jahrhundert hatten sich hier Töpfer aus Fes niedergelassen. In Safi werden auch viele der grünen Ziegel für Moscheen hergestellt.

In der Medina von Essaouira, die seit 2001 zum UNESCO-Weltkulturerbe gehört. Wie fast überall in den marokkanischen Souks, so findet man auch hier einen Babuschen-Macher, der die beliebten Lederpantoffeln herstellt.

Sonne liegen, aber auch einiges unternehmen: die Ruine der Kasbah besichtigen, einen Kamelritt über den Strand machen – oder gar die Atlantikwellen reiten. Denn unweit von hier liegen an der marokkanischen Küste einige Surf-Spots der Weltklasse.

Von Agadir am Atlantik kommt man landeinwärts weiter südöstlich in den Antiatlas. Die Landstraße führt durch karge Felslandschaft an zahlreichen Agadiren vorbei – so heißen die traditionellen Kornspeicher der Chleuh-Berber, von denen auch die Stadt an der Küste ihren Namen hat. Im westlichen Antiatlas liegt das **Tal der Ameln**, in dem ein Zweig der Chleuh-Berber lebt. Ihr Hauptort, **Tafraoute**, ist eine äußerst malerische Kleinstadt auf 1.000 Meter Höhe. Mit seinen rot getünchten Häusern und Moscheen gilt er als schönster Ort des Antiatlas. Auch wenn die roten Ansiedlungen der Ameln inmitten der bizarren Felslandschaft ziemlich bescheiden wirken, ist dieses Volk doch recht wohlhabend: Viele Verwandte leben anderswo und schicken Geld nach Hause. Die Wirtschaft in den Ameln-Dörfern ist vom Mandelanbau geprägt, entsprechend ist die Mandelblüte Ende Februar und Anfang März der Anlass für ein großes Fest. Von Tafraoute aus kann man das Tal der Ameln zu Fuß oder auf Mountainbikes erkunden oder Touren zu den schon am Rand der Sahara gelegenen Oasen Timguilcht oder Afella-Ighir unternehmen.

Südöstlich von Tafraoute und etwa 60 km entfernt liegt in einer kakteenbewachsenen Ebene die Wüstenstadt **Tiznit**. Sultan Mulay Hassan gründete hier 1882 eine Garnison, um die Berberstämme der Region in Schach zu halten. In der Kolonialzeit ließ sich der mauretanische Berberführer El-Hiba hier 1912 zum Gegensultan ausrufen. Bis zu seinem Tod 1919 organisierte der „blaue Sultan" den Widerstand von Berberstämmen gegen die Franzosen. Bereits 1917 aber eroberte die Fremdenlegion Tiznit und blieb bis 1956. Schon lange ist die Stadt ein Zentrum der Silberschmuckherstellung. Von hier aus kann man den 75 km entfernten Ort **Sidi Ifni** und seine (leider bröckelnde) weiß und rot getünchte spanisch-maurische Art-déco-Architektur besuchen. Sidi Ifni war ab 1860 ein wichtiger militärischer Stützpunkt, später sogar der Hauptort von Spanisch-Sahara – und so wirkt der Ort auch heute fast, als sei die Zeit im Jahr 1969 stehen geblieben, als Spanien auf internationalen Druck die Stadt an Marokko abtrat.

In den Bergen rund um Tafraoute findet man verschiedene durch Winderosion abgeschliffene Felsformationen. Man braucht nur etwas Zeit und Fantasie, dann sehen sie aus wie ein Widderkopf, andere wie ein spitznasiger Clown. Der sogenannte „Napoleonshut" ist der bekannteste Felsen.

El-Jadida hieß früher Mazagan, oder portugiesisch Mazagão. Es war im 16. Jahrhundert der wichtigste portugiesische Hafen an Nordafrikas Atlantikküste, als die Portugiesen sich mit ihrer Flotte als europäische Großmacht und als Handelsmacht in Westafrika etablierten.

Das alte Mogador, das schon auf eine phönizische Gründung zurückgeht, wurde 1765 durch einen französischen Festungsarchitekten neu angelegt und bekam einen neuen Namen. Essaouira bedeutet auf arabisch so viel wie „Bildchen", und der Name könnte sich auf die „bildschöne" neue Stadt bezogen haben. Und nicht nur Filmregisseure, auch Touristen lieben sie für ihre Schönheit.

Nächste Doppelseite: *Die Steinpfeiler und das spätgotische Kreuzrippengewölbe der „portugiesischen Zisterne" spiegeln sich stimmungsvoll im Wasser. In El-Jadidas ehemaligem Getreidespeicher und auch an anderen Orten der Atlantikküste wurden Teile von Orson Welles' Filmmeisterwerk Othello gedreht.*

Das Eingangstor des Souks in Agadir. In den sechziger Jahren entstand der heutige Ort auf dem Reißbrett, nachdem ein schweres Erdbeben 1960 hier gewütet hatte. Auch die Medina besteht, wenn man genau hinsieht, überwiegend aus Beton. Die eher nüchterne und moderne Architektur wird aber immer wieder durch einheimische Elemente aufgelockert.

Markt in Guelmim, am Südrand des Antiatlas. Das „Tor zur Sahara" war früher der wichtigste Kamelmarkt für die Reguibat-Berber und Ausgangspunkt der Karawanen vor ihrem Weg durch die Sahara. Heute ist Guelmim noch ein Handelsposten am Rande der marokkanisch kontrollierten Westsahara.

Im nahe bei Essaouira gelegenen Dorf Moulay Abdallah findet jedes Jahr im August ein *moussem* statt, ein Fest zu Ehren des Heiligen Mulay Abdallah, der hier begraben ist. Es ist eines der wichtigsten *moussems* in Marokko und zieht 200.000 Besucher an. Auch hier bildet eine *Fantasia*, marokkanische Reiterspiele, den spektakulären Höhepunkt.

Auf 1.000 Meter Höhe liegt Tafraoute im Tal der Ameln. Mit seinen malerischen roten Häusern gilt es als schönster Ort des Antiatlas. Hier kann man die Ruhe genießen und Wanderungen durch die Felsenlandschaft unternehmen. Feste Schuhe aber sollte man unbedingt anziehen, wenn man zwischen den Felsen herumklettern will.

Rechts: *Die Steinwüste, Hammada genannt, eine mit scharfkantigen Steinen übersäte Ebene, ist die verbreitetste Landschaftsform in der Sahara. Weite Teile Südmarokkos und der Westsahara sind Hammada. Etwa 70 % der Sahara bestehen aus solchen für Mensch und Tier schwierig zu durchquerenden Ebenen. Sandwüsten bezeichnet man als „Erg".*

Ein Tischler fertigt ein sternförmiges Ornament aus Holzleisten. Vielen marokkanischen Handwerkern kann man in ihren „Freiluftwerkstätten" – also in den Gassen der Medinas – zusehen.

Berberfrau am Webstuhl. Die Weberei ist Frauensache bei den Völkern der Amazighen – die verwendeten traditionellen Motive und Muster werden von Mutter zu Tochter weitergegeben.

Ein Mosaik-Handwerker in seiner Werkstatt. Schon im 11. Jahrhundert begann man in Andalusien, eindrucksvolle geometrische zellij-Mosaike aus Tausenden von bunt glasierten Ziegeln herzustellen. Durch kulturellen Austausch mit Marokko kam es dort zur Blüte dieser dekorativen Kunst.

Handwerker bemalen Hocker im Tisch-
ler-Souk von Marrakesch.

Berberfrau am Spinnrad in einer Frau-
enkooperative in Targa, unweit von Chefchaouen an der Küste.

Ein Korbflechter im Souk von Oujda. Die
Stadt liegt in Nordostmarokko nahe der
algerischen Grenze und ist einen Besuch
wert. Auch wenn nicht viel aus alter Zeit
erhalten ist: Die Einwohner sind sehr
nett.

Fes und Meknes

Wie ins Mittelalter versetzt glaubt man sich in den engen und unübersichtlichen Gassen von Fes' Medina Fes el-Bali, dem ältesten Teil der Stadt.

Die wichtigsten Sehenswürdigkeiten Marokkos liegen in einer sanft geschwungenen Hügellandschaft nördlich des Mittleren Atlas: nicht nur die beiden Königsstädte Fes und Meknes, sondern auch die Ruinenstätte Volubilis – die im Grunde auch zu den Königsstädten gezählt werden kann, da der Begründer der ersten Herrscherdynastie, Idris I., hier am Ende des 8. Jahrhunderts zum Berberführer ausgerufen wurde. Später gründete er Fes. Gleich nebenan, im Wallfahrtsort Moulay Idriss, liegt er begraben. Die Königsstädte mit ihren Souks bieten orientalisches Flair wie aus Tausendundeiner Nacht und in ihren Sehenswürdigkeiten unvergleichliche Höhepunkte marokkanischer Architektur, Handwerkskunst und Ornamentik.

Fes war jahrhundertelang Sitz der Herrscher. Noch heute ist es Marokkos kulturelle und religiöse Hauptstadt und mit einer Million Einwohner die drittgrößte Stadt des Landes. Dem Besucher bietet Fes ein orientalisches Fest der Sinne. In der alten Medina glaubt er sich ins Mittelalter versetzt: Durch die labyrinthischen Souks schieben sich Fassi (Einheimische) und Besucher vorbei an bunten Ständen. Hier sind immer noch Esel das Haupttransportmittel, denn die Gassen sind zu schmal für Autos. Seit 1981 ist der älteste Teil der riesigen Medina UNESCO-Weltkulturerbe – und autofrei, sozusagen die größte Fußgängerzone der Welt.

Im Grunde besteht Fes aus drei Teilen, und davon sind gleich zwei Medinas: Fes el-Bali ist der älteste Teil, angelegt schon im frühen 9. Jahrhundert. Fes-Dschedid, das „neue Fes", wurde dagegen „erst" im 13. Jahrhundert, also in der Merinidenzeit, angelegt. Im Süden und Südwesten der beiden Medinas liegt Fes' koloniale Ville Nouvelle, die sich mit weiteren Neubaugebieten mittlerweile nach Norden und Süden fortsetzt. Es ist eine gute Idee, erst einmal einen Rundgang um die Altstadtmauern zu machen und sich erst dann in das Labyrinth der Medina zu wagen. Von Aussichtspunkten

nördlich und südlich der Altstadt kann man das Gewirr der Medina von oben sehen. Ein weiterer Vorteil: Von hier sind die Moscheen mit ihren grünglasierten Ziegeldächern zu bewundern, was wegen der überfüllten Gassen und der engen Bebauung sonst kaum möglich ist.

Ohne einen Rückgriff auf ihre lange Geschichte ist die Bedeutung der Stadt Fes für Marokko kaum zu erfassen: Bereits Idris I., der Begründer der ersten „marokkanischen" Herrscherdynastie (Idrisiden), schlägt hier Ende des 8. Jahrhunderts sein Heerlager Fas al-Madinat auf. Sein Sohn Idris II. baut Fes ab 810 zur Residenz aus und beginnt mit dem Bau von Moscheen. Später werden die Qarawiyyin- oder Kairaouine-Moschee und die Al-Andalous-Moschee daraus. Sie haben, so wie die dazu gehörigen Viertel

Esel sind nach wie vor das Haupttransportmittel in Fes' Altstadt. Die beiden Medinas gelten als größte zusammenhängende autofreie Innenstadt der Welt. Es ist einfach nicht möglich, die Altstadtgassen mit Autos oder LKW zu befahren. So müssen Esel die Waren und Materialien der Händler und Handwerker transportieren – leider werden sie manchmal so bepackt, dass sie fast in die Knie gehen.

*Die alte Königsstadt Fes und ihre aus-
gedehnte Altstadt, die eigentlich aus
zwei Medinas besteht; Fes el-Bali ist der
älteste Teil, im 13. Jahrhundert kam Fes
el-Dschedid dazu. Abgesehen von der
unvergleichlichen Atmosphäre in den
Souks der Medina selbst sind die Kaira-
ouine- und die Al-Andalous-Moschee die
Hauptsehenswürdigkeiten.*

('Adwat al-Andalous und 'Adwat al-Qarawiyyin), ihre Namen von
den Ausländern, die sich dort angesiedelt haben: Flüchtlinge aus
Córdoba (Andalusien) und Verbannte aus Kairouan (im heutigen
Tunesien). Diese städtisch geprägten Immigranten, meist Handwerker und Händler, verhelfen Fes schnell zur wirtschaftlichen und
kulturellen Blüte. Es liegt ja auch günstig an der Kreuzung zweier
Handelswege: Der Weg vom Atlantik in den östlichen Maghreb
führt hier durch, und auch der Handel zwischen der Mittelmeerküste und den Ländern südlich der Sahara läuft über Fes. Zudem
sind Bau- und Handwerksmaterialien (Stein, Holz und Ton) vor-
handen. Bis heute ist Fes für seine Tonarbeiten berühmt, das tiefe
Blau seiner Keramik gilt als Wahrzeichen der Stadt.

Im Jahr 859 stellt eine Kaufmannstochter, Fatima el-Fihrya,
Geld für die Gründung einer islamischen Hochschule bereit. Als
Al-Qarawiyyin-Universität wird sie im Mittelalter eine bedeutende
Stätte der Gelehrsamkeit und ist heute die älteste noch lehrende
Universität überhaupt. Auch der berühmte Geschichtsschreiber

Ibn Khaldun unterrichtet im 14. Jahrhundert hier. Fes ist wirtschaftliches und kulturelles Zentrum, doch wird um 1070 Marrakesch die neue Hauptstadt der Almorawiden. Erst die Meriniden verlegen die Residenz 1250 wieder nach Fes. Sie legen einen neuen Stadtteil an, das noch heute Fes-Dschedid, „neues Fes", genannt wird. Die Juden von Fes werden 1438 in der Mellah, nicht weit vom Sultanspalast (Dar el-Makhzen), zwangsweise angesiedelt – wohl auch, um ihnen als *dhimmi*, besonderen Schutzbefohlenen des Sultans, Sicherheit zu bieten. Leider zerstört ein Erdbeben 1522 einen Teil des alten Fes. Die Wattasiden, die de facto seit 1471 von Fes aus Marokko beherrschten, werden 1554 vertrieben. Doch der Saadiersultan Muhammad al-Mahdi macht wieder Marrakesch, Fes' alte Rivalin, zur Hauptstadt.

Kunstvoll gestaltetes Portal des Dar el-Makhzen in Fes el-Dschedid, einem Teil der Medina. Leider kann man das Innere des Palastes nicht besichtigen, da er gelegentlich als königliche Residenz genutzt wird.

In den Jahrzehnten der Anarchie nach dem Tod des Sultans Ahmed al-Mansur 1603 übernimmt 1626 die muslimische Dila-Bruderschaft die Herrschaft über Fes. Als Mulay Ismail (1672–1727) das Reich wieder erweitert, steigt das benachbarte Meknes zur Residenz auf. Einer seiner vielen rivalisierenden Söhne, Mulay Abdallah, residiert nach dem Tod des Sultans in Fes und erneuert die städtische Infrastruktur: Er lässt Moscheen und Medersen bauen, Straßen pflastern, Brücken erneuern. Fes bleibt Hauptstadt der Alawiten-Dynastie, bis die Franzosen 1912 die Residenz nach Rabat verlegen. Wohl auch aus Sicherheitsgründen, denn sie trauen den Einwohnern der Stadt nicht. Für die französischen Neusiedler entwirft der Stadtplaner Henri Prost eine moderne koloniale Nouvelle Ville mit breiten Alleen, Plätzen und Parks. Heute leben meist reiche Marokkaner in den Villen der Kolonialherren; dort findet man auch wichtige Behörden- und Firmensitze sowie öffentliche Einrichtungen.

Nach dem langen Rundgang um die Stadtmauern betritt man zunächst durch das Bab Semmarin die merinidische Neustadt **Fes el-Dschedid** in der Nähe des Königsschlosses Dar el-Makhzen. Nach einem Spaziergang durch die Mellah, das Judenviertel, geht es durch ein zweites Tor, das Bab Bou Djeloud, hinein ins wirkliche „alte" Fes (**Fes el-Bali**). Keine Angst, es gehört dazu, sich einmal im Gassengewirr zu verlieren. Wer das nicht will, sollte sich einem einheimischen Führer anvertrauen. Allerdings wird der Rundgang durch die Souks so oft zu einer unfreiwilligen Shopping-Tour ...

Marokkanische Köstlichkeiten: getrocknete Früchte (Rosinen, Pflaumen, Aprikosen, Datteln), Mandeln und Nüsse. Man kann sie nicht nur einfach so naschen, Trockenfrüchte finden auch in der marokkanischen Küche Verwendung.

Am Ufer des Oued Fes unweit der Kairaouine-Moschee liegt das malerische Gerberviertel Chuwwara. Die Gerber sind, neben den Töpfern, die berühmtesten (und meistfotografierten) Handwerker Marokkos. Schon im Mittelalter war Fes für seine Ledererzeugnisse berühmt. Die verwendete Gerbetechnik hat sich auch seit jenen Tagen kaum verändert.

Gegerbte Tierhäute trocknen auf dem Hügel El Kolla in Fes.

Auf der Talaa Kebira, der Hauptstraße im Souk von Fes, vor der Medersa Bou Inania.

Immerhin steckt ein System hinter dem Gewirr der Souks: Sie sind nach Handwerkszweigen aufgeteilt. Es gibt Souks der Kupfer-, Messing- und Goldschmiede, in anderen verkaufen Lederhandwerker ihre Schuhe, Sättel, goldbestickten Lederkissen, Taschen und Gürtel. Das ist nicht alles: Auch Waffenschmiede und Teppichhändler haben eigene Basare; es gibt Viertel mit Kleiderläden, einen Tischler- und Drechsler-Souk, ein Fisch- und Gemüsehändler-Viertel und natürlich das berühmte Gerberviertel. Gleich hinter dem Bab Bou Djeloud steht auch seit 1357 die **Medersa Bou Inania** mit angeschlossener Moschee. Diese Koranschule gilt als die schönste Medersa des Landes im merinidischen Stil. Zuletzt wegen Restaurierungen geschlossen, darf man hoffentlich bald wieder den Innenhof mit den wunderbaren *zellij*-Kacheln und den Holz- und Stuckverzierungen besichtigen. Folgt man vom Stadttor der „Hauptstraße" Talaa Kebira, so kommt man unweigerlich zum Kern der Medina, der **Kairaouine-Moschee**. Sie ist das spirituelle Zentrum Marokkos. Im 9. Jahrhundert erbauten Flüchtlinge aus Kairouan die Moschee, später wurde sie mehrfach vergrößert und im 12. Jahrhundert im andalusischen Stil umgestaltet. Sie bietet 20.000 Menschen Platz, ist aber damit heute nur noch die zweitgrößte Moschee Marokkos. Leider sieht man den riesigen Bau wegen der engen Bebauung in der Medina nicht vollständig; auch ist das Betreten für Nicht-Muslime verboten. Immerhin gestatten einige der 14 Tore, die an sich schon sehenswert sind, ein paar Einblicke. Und dafür sind in der Nachbarschaft vielleicht gerade einige der Medersas offen, wie die Medersa el-Attarine. Keinesfalls auslassen sollte man einen Besuch in den Gerbereien im Viertel nordöstlich der Kairaouine-Moschee. Hier werden nach mittelalterlichen Methoden Leder und Felle gegerbt.

Etwas weiter östlich des Flusses, der in der Medina teilweise überbaut ist, erreicht man die *Moschee al-Andalous*, Fes' zweite alte Moschee. Sie liegt im Viertel, in dem einst die aus Córdoba stammenden Siedler wohnten. Dieser östliche Teil von Fes el-Bali ist schon im wahren Wortsinne etwas „für Fortgeschrittene", beim ersten Besuch in der Medina ist der Weg dorthin nicht einfach zu finden – wenn man von der Bab Bou-Jeloud kommt. Einfacher ist es von der Bab Ftouh im Südosten der Medina aus. Gegründet wurde die Al-Andalous-Moschee in den Jahren 859/860. Damals war sie die erste Freitagsmoschee in Fes. Bereits im 10. Jahrhundert

Die Gebäude der Medersa Bou Inania gruppieren sich um einen quadratischen, mit zellij-Kacheln, Holzschnitzereien und Stuckarbeiten verzierten Innenhof mit Waschbrunnen. Studienräume liegen vor dem Betsaal, der von zwei Kuppeln überwölbt ist. Nebenan und darüber liegen die winzigen Wohnzellen für die Studenten; sie waren bis in die sechziger Jahre bewohnt.

In der Markthalle von Meknes, unweit des Stadttors Bab el-Mansour

Rechts: *Im 9. Jahrhundert begonnen, im 12. von den Almorawiden ausgebaut: die Kairaouine-Moschee von Fes, einst die größte des Landes. Heute sind nur noch die Fakultäten für Theologie und islamisches Recht in der Kairaouine-Moschee untergebracht, alle anderen Fakultäten befinden sich nun nördlich des Dar el-Makhzen (Königspalast) in der Kasbah des Cherarda.*

wurde sie durch ein Minarett ergänzt, im 13. Jahrhundert dann erneut erweitert. Besonders prächtig ist das Hauptportal im Norden geworden, entworfen von einem Architekten aus Toledo. Auch diese Moschee hat einige Koranschulen in der Nachbarschaft, aber auch viele dieser Gebäude bleiben Nicht-Muslimen verschlossen. Nach oder während der langen Wanderung durch die Medinas von Fes sollte man sich unbedingt mit einem Tajine (marokkanisches Eintopfgericht) und einem Minztee in einem kleinen Restaurant stärken – es gibt noch so viel mehr zu entdecken ...

60 km von Fes entfernt liegt die jüngere Königsstadt **Meknes** auf der grünen, hügeligen Saïs-Hochebene. Sie wird manchmal auch die „Kaiserstadt" genannt. Meknes ist mit etwa 550.000 Einwohnern nur halb so groß wie seine „große Schwester" Fes und auch viel entspannter. Der Name Meknes leitet sich vom Stamm der Miknasa ab, die hier einst lebten. Meknes war nur während der Regierungszeit des grausamen und prunkliebenden Alawitensultans Mulay Ismail (1672–1727) Hauptstadt des Landes. 1996 wurde auch die alte Medina von Meknes zum UNESCO-Weltkulturerbe erklärt. Die gute Nachricht für alle, die nicht gerne einen Führer nehmen: Sie ist viel übersichtlicher als die von Fes. Meknes ging wahrscheinlich aus einem schon im 8. Jahrhundert existierenden unbefestigten Ort hervor. Im 9./10. Jahrhundert gab es dann eine Siedlung der namensgebenden Meknassa-Berber am Ufer des Oed Boukrane, dessen Flussbett aber heute meist trocken ist. In der Almorawidenzeit (11. Jahrhundert) entstand hier eine Kasbah, die unter den Almohaden wegen des Widerstand seiner Bewohner gegen die neuen Herrscher bald zerstört wurde. Abd el-Mumin und die Meriniden widmeten sich Anfang des 14. Jahrhunderts dem Wiederaufbau in vergrößerter Form. Meknes' älteste erhaltene madaris (Plural von medersa, Koranschule), Kasbahs und Moscheen stammen aus dieser Zeit. Nach seiner Machtübernahme Ende des 18. Jahrhunderts verlegte der ehrgeizige Mulay Ismail seine Hauptstadt nach Meknes, da ihm die Einwohner von Fes und Marrakesch nicht wohlgesinnt waren. Er ließ Gärten anlegen und schützte seine Stadt mit gewaltigen Stadtmauern (sie sollen ca. 40 km lang gewesen sein), heute noch kann man viele beeindruckenden Tore bewundern. An seinem gleichfalls riesigen und teuren Palast arbeitete ein Teil seiner 150.000 Mann starken Elitetruppe aus schwarzen Sklaven. Doch der Palast wurde nie

Die Medersa Bouj Inania wurde im 14. Jahrhundert unter den Meriniden-Herrschern Abu l-Hassan und Abu Inan erbaut und gilt als „stilreinster" Bau einer Koranschule der Merinidenzeit. Auch hier findet man die typischen Elemente merinidischer Architektur: kunstvoll angeordnete zellij-Fliesen, reichhaltige Stuckdekorationen und prächtige geschnitzte Holzdecken.

Links: Ist der Innenhof der Kairaouine-Moschee reich und kunstvoll ornamentiert, so präsentiert sich die maurische Architektur des Betsaals dagegen schlicht, aber eindrucksvoll: mit einfachen weißen Hufeisenbögen und Säulenreihen, die den Raum in 16 Schiffe aufteilen.

*Rechts: Das „Tor des Siegers",
Bab el-Mansour, in Meknes. Das prächtige Tor stammt allerdings nicht aus der
„großen Zeit" der Stadt unter Mulay
Ismail, sein Nachfolger Sidi Mohammed
ließ es 1737 bauen. Die dreitorigen
Hufeisenbogen sind mit Ornamentbän-
dern reich geschmückt. Das Tor bildete
einst den prächtigen Eingang zur „Kaiserstadt" und ist wohl das grandioseste
aller marokkanischen Königstore.*

*Ein Mann in traditionellem Gewand lässt
sich die Schuhe putzen. Auch Schuh-
putzer gehen auf dem Platz el-Hedim in
Meknes ihrem Gewerbe nach.*

fertig. Nach Mulay Ismails Tod (1727) lässt er sich in einem prächtigen Mausoleum in Meknes begraben. Die Stadt allerdings wurde
danach wieder einigermaßen bedeutungslos: Nach dem Ringen um
Mulay Ismails Nachfolge verlegte sein Nachfolger Sidi Mohammed 1757 die Residenz nach Marrakesch – zwei Jahre nach dem
großen Erdbeben von 1755, das auch Meknes teilweise zerstört
hatte. Erst in der Zeit des Protektorats (1912–1956) lebte die Stadt
wieder auf: Meknes wurde französisches Militärhauptquartier, und
französische Landwirte bewirtschafteten das fruchtbare Ackerland
der Hochebene. Entsprechend entstand auch hier eine koloniale
Ville Nouvelle. Seit Anfang des 20. Jahrhunderts ist aus der Stadt
auch ein Handwerks- und Handelszentrum geworden, unter anderem bekannt für seine Stickereien und damaszierten Metallwaren
– und natürlich kommen viele Besucher hierher. Herzstück von
Meknes' sehenswerter Medina ist die **Place el-Hedim**, der große
Platz am „Tor des Siegers" (Bab el-Mansour). Das prächtige Tor
stammt allerdings nicht aus der „großen Zeit" der Stadt, sondern
erst Mulay Ismails Nachfolger Sidi Mohammed ließ es 1737 bau-
en. Früher wurde hier Gericht gehalten, und die abgeschlagenen
Köpfe der Hingerichteten wurden öffentlich ausgestellt. Heute ist
der Platz vor allem in den Abendstunden ein beliebter Ort, um in
entspannter Atmosphäre zu flanieren. Gleich nebenan beginnen
die Souks. Der Weg in die Altstadt führt in Richtung des alten Dar-
Jamaï-Palasts (19. Jahrhundert), heute ein Museum für marokkanisches Kunstgewerbe. Südöstlich davon liegt die eigentliche
„Kaiserstadt" Mulay Ismails, die man durch das imposante **Bab el-
Mansour** betritt. Der große Platz, die Place Lalla Aouda, war unter
Mulay Ismail Paradeplatz seiner senegalesischen Sklavengarde.
Dort ist ein Pavillon zu besichtigen, in dem Mulay Ismail auslän-
dische Diplomaten empfing (Koubbat as-Sufara'). Das **Mausoleum
Mulay Ismails** ist gleich gegenüber, es ist auch für Nicht-Muslime
zugänglich – die Schuhe müssen aber alle ausziehen. Der eigent-
liche, überladen dekorierte Grabraum und die Moschee dürfen
nicht betreten werden, aber man kann hineinschauen. Östlich des
Mausoleums erstreckt sich das Ruinenfeld des nie vollendeten
Palastes (**Dar el-Kebir**), das durch seine schiere Ausdehnung und
die Größe der vorhandenen Reste beeindruckt.

Das schönste der Stadttore von Fes, das Bab Bou Djeloud. Es bildet den prächtigen Eingang zur Medina Fes el-Dschedid, dem „neuen" Fes, das im 13. Jahrhundert angelegt wurde. Doch das prächtige Stadttor wurde erst 1913 gebaut – die französischen Kolonialherren unter General Lyautey bemühten sich, auch durch Neubauten den orientalischen Charakter der Medina zu erhalten.

Links: Eindrucksvolle Überreste von Sultan Mulay Ismails grandioser und nie vollendeten „Kaiserstadt"; hier die Ruine eines Versorgungsgebäudes. Trotz des Einsatzes Tausender Sklavensoldaten der senegalesischen „Schwarzen Garde" wurde die riesige Palastanlage Mulay Ismails zu seinen Lebzeiten nicht fertig. Sein Nachfolger Sidi Mohammed verlegte die Hauptstadt 1757 wieder nach Marrakesch.

Das Mausoleum für den Alawiten-Herrscher Mulay Ismail in Meknes ist für Besucher nur teilweise zugänglich: Die dazugehörige Moschee und den Grabraum selbst kann man als Besucher nicht betreten. Man darf aber normalerweise aus den Vorräumen einen Blick in das reich verzierte Innere des Grabmals werfen.

Rechts: Die Medersa Attarine zählt zu den schönsten Medresen (Koran- und Gesetzesschulen) von Fes. Errichtet wurde sie in merinidischer Zeit, um 1325. Reicher Ornamentschmuck lockert den streng gegliederten Innenhof auf: unten ein Sockel mit zellij-Fliesen, darüber Paneele mit Stuckarbeiten und erlesenen Schnitzereien.

Das Mausoleum für Mulay Ismail in Meknès. Es ist auch für Nicht-Muslime zugänglich, aber Besucher müssen die Schuhe ausziehen. Der eigentliche, überladen dekorierte Grabraum und die Moschee dürfen nicht betreten werden, aber man kann in sie hineinschauen.

Links: *Herzstück in Meknes' Medina: die Place el-Hedim, der große Platz am „Tor des Siegers" (Bab el-Mansour). Hier ist immer etwas los: Kinder spielen Fußball, fliegende Händler verkaufen alles Mögliche, Familien gehen spazieren. Trotzdem findet man aber auch schattige Plätzchen zum Entspannen.*

Marokkos älteste Königsstadt

Die 33 km nördlich von Meknes in der fruchtbaren Ebene gelegene römische Stadt **Volubilis** heißt heute eigentlich Walili; in der Berbersprache Tamazight heißt das „Oleander". Von Meknes oder Fes aus kann man das heutige Ruinenfeld im Rahmen eines Tagesausflugs besuchen. Volubilis ist die wichtigste antike marokkanische Grabungsstätte und natürlich heute UNESCO-Weltkulturerbe. Vor Ort beeindrucken die in einigen Gebäuderesten freigelegten, gut erhaltenen Mosaiken – sie zeigen mythische Szenen, u. a. die Arbeiten des Herkules, die Götter-Prominenz (Diana im Bade) und Kunstreiter auf ihren Pferden. Neben den eindrucksvollen Überresten von Forum, Gallienus-Thermen und der Basilika (im Bild), damals Gerichts- und Geschäftsgebäude, ist vor allem der Triumphbogen zu erwähnen. Er wurde im Jahr 217 n. Chr. zu Ehren Kaiser Caracallas aufgestellt. Heute nisten Störche auf den Ruinen. Schon vor dem numidischen König Juba II. (Regierungszeit 25 v. Chr. – 23 n. Chr.) soll hier eine größere Sieldung bestanden haben. Kaiser Augustus setzte den in Rom erzogenen numidisch-berberischen Königssohn Juba als Vasallenkönig von Mauretania ein. Doch Jubas Sohn Ptolemäus, eigentlich treuer Verbündeter des römischen Kaisers, wurde bei einem Besuch in Rom im Jahre 40 ermordet, wahrscheinlich auf Geheiß Caligulas. Es folgten heftige Berberaufstände, die die Römer nur mit Mühe niederschlagen konnten. Volubilis wurde die Hauptstadt der Provinz Mauretania Tingitana. Bis ins 3. Jahrhundert stand Volubilis in kultureller Blüte; und auch nach dem Teilabzug der römischen Streitkräfte blieb es ein römischer Stützpunkt. Noch bis ins 8. Jahrhundert war hier wohl eine Berbersiedlung, die dann aufgegeben wurde. Seit 1915 finden archäologische Ausgrabungen statt.

Fußbodenmosaik „die spielenden Delphine" in der römischen Stadt Volubilis.

Der Norden: Die Rifregion

Das Rifgebirge zieht sich an Marokkos Mittelmeerküste entlang: von der Meerenge im Westen bis zur algerischen Grenze. Wegen der Handelsstädte am Mittelmeer und der Nähe zu Spanien war der ausländische Einfluss immer stark. Aus demselben Grund war der Norden Marokkos auch stets umkämpft: Portugiesen und Spanier hielten bis zum 16. Jahrhundert die Häfen nördlich des Rif besetzt. Etwa zur gleichen Zeit siedelten sich Juden und Muslime aus Andalusien in den Städten des Rif an; als mit Granada das letzte islamische Sultanat Teil des christlichen Spanien wurde, wurden die sogenannten Morisken vertrieben. Im 19. Jahrhundert schließlich kehrten die Spanier zurück und wurden 1912 offiziell die Herren im nördlichen Marokko. Doch Widerstand gegen die Fremdherrschaft regte sich, vor allem bei den Berbern, den eigentlichen Herren im Rif. In den zwanziger Jahren machte der Führer

Eine Cannabispflanze (Cannabis sativa indica). Der feine Staub, der beim Abrieb der Blütendolden der weiblichen Pflanzen entsteht, ist kif. In fein gesiebter und gepresster Form wird er zu Haschisch. In der Gegend um Chefchaouen und Ketama sieht man auf den höheren Berghängen ganze Felder voller Hanfpflanzen.

Cannabis – das grüne Gold des Rif

Seit langer Zeit wird im Rif Hanf, also Cannabis, angebaut. Heute ist die Region um Chefchaouen und Ketama besonders berüchtigt für ihre Hanfplantagen und die Probleme des „Haschtourismus". Traditionell wird aus dem Harz der weiblichen Cannabispflanze kif hergestellt, eine Vorform von Haschisch. Das Wort ist mit dem arabischen Wort kef verwandt, das etwa „Wohlbefinden" bedeutet. Alkohol ist in Marokko eher verpönt, aber kif zu rauchen gehört zumindest im Norden zur Berberkultur. Mittlerweile ist es zwar eigentlich verboten, wird jedoch weiter praktiziert. Im Grunde aber waren es europäische „Kiffer", die den Rif in den siebziger Jahren in Verruf brachten: Durch die große Nachfrage aus Europa vergrößerte sich dort das Anbaugebiet enorm, viele der armen Bauern stellten auf den lukrativen „Stoff" um, die Behörden schauten weg. Ausländische Haschischraucher, die sich hier bei günstigen Preisen „eindecken" wollten, hatten die Rechnung ohne schlaue Riffis gemacht: Viele solcher Touristen mussten nach einigen Joints ihren „Gastgebern" Bargeld und Wertsachen als „Geschenk" dalassen. Andere wurden häufig belästigt und bedrängt, Hasch zu kaufen. Das illegale Geschäft mit dem „grünen Gold" bringt Milliarden ein. Aber die Profite machen die Schmuggler, nicht die Bauern. Der junge König und die marokkanische Regierung haben dem Drogenanbau und -handel 2005 den Kampf angesagt. Viele Hanfbauern wurden zu Gefängnisstrafen verurteilt; bei einer Razzia 2003 wurden 12 Menschen verhaftet, darunter auch Polizisten und Richter. Der Anbau im Rif soll schon um 10 % zurückgegangen sein. Will die Regierung aber den Drogenanbau völlig „ausrotten", wie sie sagt, muss sie im Gegenzug Entwicklungsgelder für die regionale Wirtschaft bereitstellen, denn wenn der Cannabisanbau als Einnahmequelle wegfällt, droht vielen Bergbauern im Rif bittere Armut.

der Rifkabylen, Abd el-Krim, den Kolonialherren so zu schaffen, dass nur ein gemeinsames französisches und spanisches Vorgehen den blutigen Rifkrieg beenden konnte. Heute ist der Tourismus an der an sich schönen Mittelmeerküste, verglichen mit der Atlantikküste, noch recht gering entwickelt. Gründe sind die schwache Infrastruktur im Rif – und dessen schlechter Ruf als Drogenanbaugebiet (siehe „Cannabis – das grüne Gold des Rif"). Doch die Regierung hatte die Rifregion schon bei der Unabhängigkeit vernachlässigt, was Ende der fünfziger Jahre zu einem Aufstand führte – und danach zur Jahrzehnte dauernden Isolation. Mit der Entwicklung des Tourismus in den Städten des Rif und auch in den Küstenorten (Al-Hoceïma) profitiert diese Region mehr und mehr von ausländischen Besuchern, obwohl es wohl noch dauert, bis die Umstellung geglückt sein wird. Vor allem muss Geld in die Infrastruktur fließen, denn die Straßen sind schlecht und in den entlegenen Berberdörfern gibt es meist weder Elektrizität noch fließendes Wasser.

„Die weiße Taube" (Hammam el-Beida) ist der Beiname von **Tetouan**, das 40 km südöstlich von Tanger in einer Schlucht des Oued Mhannech liegt. Das Erscheinungsbild und die Atmosphäre der Stadt wurden entscheidend geprägt durch über 40 Jahre als Hauptstadt des spanischen Protektorats (1912–1956): Der beson-

*Die Zeit als Hauptstadt des spanischen Protektorats in Marokko hat die Architektur **Tetouans** entscheidend geprägt. Aber der spanische Einfluss geht bereits auf das 16. Jahrhundert zurück, als die Morisken, vertriebene andalusische Muslime und Juden, sich in den Orten des Rifgebirges niederließen.*

Nächste Doppelseite: *Chefchaouen: Die beschauliche Kleinstadt liegt auf 600 Meter Höhe im Rifgebirge am Fuß der Berge Dschebel el-Kelaa (2.050 Meter) und Dschebel Meggou (1.116 Meter). Der Name bezieht sich auf diese beiden Gipfel, die die Stadt überragen – chaoua bedeutet in der Sprache der Rifkabylen „Hörner". Früher lautete der Name eigentlich Chaouen, in den Siebziger Jahren wurde er offiziell in Chefchaouen geändert, was so viel heißt wie „Schau auf die Hörner".*

Eine Gasse in Ouezzanes Medina, zu der übrigens auch eine Mellah, ein Judenviertel, gehört. Ein wundertätiger Rabbi, Imran Ben Diwan, soll im 18. Jahrhundert hier gelebt haben. Er liegt einige Kilometer entfernt, auf dem jüdischen Friedhof von Azjen, begraben.

dere spanisch-maurische Architekturstil unterscheidet Tetouans Medina deutlich von denen im übrigen Marokko (aber auch sie ist UNESCO-Weltkulturerbe).

Tetouans lange Stadtgeschichte ist typisch für die küstennahe Lage und die Nähe zu Spanien. Gegründet in der Merinidenzeit (13. Jahrhundert), wird Tetouans erste Kasbah in der Zeit Yusuf bin-Yaqubs erbaut und im Jahr 1399 von den Spaniern zerstört. Sie sind die ständigen Angriffe von dort auf Ceuta leid. Um 1483 aber sorgt Spanien indirekt für Aufschwung: Bereits im späten 15. Jahrhundert kommen muslimische und jüdische Flüchtlinge aus Andalusien (sogenannte Morisken) hierher; und noch mehr kommen, als Anfang des 16. Jahrhunderts Juden und Muslime zu Hunderttausenden das christliche Spanien verlassen müssen. Tetouan erlebt einen wirtschaftlichen Aufschwung, denn es blühen der Handel – und die Piraterie. Beides läuft über den nahen Hafen Martil, der damals zu Tetouan gehört. Aber nach der Rückeroberung Tangers durch Mulay Ismail verliert Tetouan ab dem Ende des 17. Jahrhunderts an Bedeutung. Im Jahr 1860 steht erneut eine spanische Armee vor Tetouan und besetzt die Stadt. Ab 1912 ist Tetouan die Hauptstadt des spanischen Protektorats. Auch wenn die Stadt jetzt seit über fünfzig Jahren wieder zu Marokko gehört, zeigt sich der spanisch-andalusische Einfluss nach wie vor nicht nur in der kolonialen Architektur: noch immer sind die Straßenschilder zweisprachig und auch manche Bewohner sprechen noch Spanisch. Auch bei Spaziergängen durch die Mellah (altes Judenviertel) und die Medina ist ein starker andalusischer Einfluss unübersehbar: Die Altstadthäuser hier haben große Fenster und Balkone zur Straße hin – ein ziemlicher Gegensatz zu den eher abweisenden Straßenfronten in stärker arabisch geprägten Vierteln des Landes. Und wie in vielen nordmarokkanischen Städten findet man auch hier Nachfahren von Morisken, die Nachnamen wie Torres, Molina oder Castillo tragen. Tetouan also zeigt eindrucksvoll, wie der nördliche Nachbar in vieler Hinsicht die Kultur Marokkos mitgeformt hat.

Auch in Tetouan bildet eine repräsentative Platzanlage den Übergang zwischen historischer Alt- und kolonialer Neustadt: Um die Place Hassan II. laden Cafés und Restaurants zur Einkehr ein. Das Bab er-Rouah („Tor der Winde") bildet den Eingang zur Medina, und auch der heute noch benutzte Königspalast Dar el-Makh-

zen (17. Jahrhundert) steht hier. Wer sich in Tetouan ganz in die Kultur, Handwerks- und Baukunst Andalusiens vertiefen möchte, dem sei das sehenswerte archäologische Museum empfohlen.

Durch Täler und vorbei an mächtigen Bergmassiven erreicht man **Chefchaouen**. Die Stadt liegt am Fuß der Berge Dschebel el-Kelaa (2.050 Meter) und Dschebel Meggou (1.116 Meter), und beide Gipfel zusammen sind die für die Stadt namensgebenden „Hörner". Eigentlich hieß die Stadt Chaouen (auch Xaouen geschrieben), nach *chaoua*, was im lokalen Berberdialekt „Hörner" bedeutet. Im Jahr 1975 änderte man den Namen in Chefchaouen, „Schau auf die Hörner". Chefchaouen wird auch die Brunnenstadt genannt, weil von den Berghängen klares und frisches Wasser im Überfluss herunterkommt. Recht spektakulär ist die fast komplett blau getünchte Medina. Jüdische Flüchtlinge führten diesen „Look" in den 1930er Jahren ein, zuvor waren die Häuser der Altstadt grün angestrichen – in der Farbe des Islam. Ansonsten ist in der Medina vor allem das achteckige Minarett der Grande

Die Häuser in Chefchaouens beschaulicher, andalusisch angehauchter Medina sind fast alle blau getüncht. Dies wurde von jüdischen Einwanderern in den 1930er Jahren eingeführt, zuvor waren die Häuser der Altstadt in der Farbe des Islam angestrichen, nämlich grün.

Mosquée (15. Jahrhundert) bemerkenswert. In den Souks sind die Erzeugnisse traditioneller Handwerkskunst der Region, vor allem der Wollweberei, erhältlich.

Mag Chefchaouens steile und beschauliche Medina noch an ein Bergdorf erinnern, so ist die Stadt doch heute eine moderne Provinzhauptstadt mit etwa 45.000 Einwohnern: Vor allem westlich der Place Outa el-Hammam liegt das neue Chefchaouen. Geld bringt vor allem der Tourismus, zum Glück hat er die Stadt aber noch nicht architektonisch überformt. Hauptsächlich spanische Touristen fallen hier gern in Scharen über die Oster- oder Weihnachtsfeiertage ein. Und nach wie vor grünen die Hanfpflanzen auf den höheren Lagen der umliegenden Berge.

Auch Chefchaouen wurde durch den Zustrom von Morisken im 16. Jahrhundert geprägt. Noch heute sieht man das der Medina und ihren schicken Wohnhäusern im andalusischen Stil an. Wunderbar sind vor allem ihre schönen Innenhöfe, in denen Zitronenbäume blühen. 1920 erst nahmen die Spanier die lange abgeschottete Stadt ein. Die Rifregion war eigentlich immer ein Unruheherd: In den 20er Jahren mussten die Spanier Tetouan zeitweilig sogar aufgeben, als der Berberführer Abd el-Krim einen lange erfolgreichen Guerillakrieg gegen die Spanier führte.

Über 80 Kilometer enge und kurvenreiche Bergstraße gelangt man von Chefchaouen nach **Ouezzane**, auf Arabisch Wazan genannt. Die kleine Stadt mit etwas mehr als 50.000 Einwohnern liegt an den Hängen des Dschebel Bou Hellal und ist eines der wichtigsten religiösen Zentren Marokkos. Hier war schon ein *zawija*, also der Stützpunkt einer religiösen Bruderschaft, bevor Mulay Abdallah die Stadt 1727 gründete. Diese *zawija* im maurischen Stil und ihre Moschee sind natürlich Hauptsehenswürdigkeiten der Stadt. Hier liegt der Scherif (Nachfahre des Propheten) und Stadtgründer Mulay Abdallah ben-Brahim begraben. Der Legende nach siedelten aber schon seit dem 9. Jahrhundert Nachkommen von Idris II. hier. Der heutige Scherif von Ouezzane ist ein Nachkomme Mulay Abdallahs und steht der Taiba-Bruderschaft vor. Auch hier siedelten sich im 15. Jahrhundert Morisken an. Heute ist Ouezzane ein modernes Industriezentrum. Die Berber in den umliegenden Tälern leben von Schafwolle und Olivenöl; die

Links: Der Innenhof eines Hauses in Chefchaouens Altstadt. Chefchaouen wurde durch den Zustrom von Morisken im 16. Jahrhundert geprägt. Noch heute sieht man das der Medina und ihren hübschen Wohnhäusern im andalusischen Stil an.

Berberfrauen aus dem Rifgebirge verkaufen Gemüse auf dem Markt in einer Gasse in Chefchaouen.

95

Ein Mann in einer dschellaba *in der blauen Medina von Chefchaouen. Eine* dschellaba *ist ein weit geschnittener, knöchellanger Kaftan mit spitzer Kapuze. Vorn wird er in der Regel durch Knöpfe – oder modern: durch einen Reißverschluss – geschlossen. Meist tragen Männer helle* dschellabas. *Frauengewänder sind vorwiegend dunkler: grün, braun, rot bis hin zu schwarz.*

Das Blau für die Tünche der Häuser in Chefchaouens Medina wird aus Pigmentpulver angerührt, das es im Souk zu kaufen gibt. Man vermischt es mit Wasser, dann wird es auf die Wände aufgetragen. Manche Hausbesitzer tun das jedes Jahr aufs Neue: Die Farbe ist wasserlöslich und wird vom Regen abgewaschen.

Rechts: Die Küste Nordmarokkos ist felsig, das Gebirge reicht oft bis ans Ufer. Vor Marokko liegen einige unbewohnte Felseninseln. Eine von ihnen, Leyla, auf Spanisch Isla de Perejil („Petersilieninsel"), gehört seit Jahrhunderten zu Spanien. 2002 besetzten marokkanische Marinesoldaten das Eiland, Spanien reagierte mit militärischem Muskelspiel – ein Vorfall, der zeigt, wie die koloniale Vergangenheit die Beziehungen belastet.

Ein Minarett in Chefchaouens malerischer Altstadt.

Wolle wird oft zu *dschellabas*, den traditionellen marokkanischen Gewändern, verarbeitet.

Die eigentliche West-Ost-Route durch den Rif führt von Chefchaouen nach Al-Hoceïma und von dort nach Melilla, der zweiten spanischen Exklave an Marokkos Nordküste. Sehr viele Küstenorte gibt es in dieser Region nicht, da die Rifberge oft steil zur Küste abfallen. Bei Al-Hoceïma (spanisch Alhucemas) erweitert sich die Küste zu einer Bucht mit Sandstrand. Der heutige moderne Badeort hat einen Fischerhafen und einige Gebäude im maurisch-andalusischen Kolonialstil zu bieten (am besten erhalten ist das Colegio Español) – und tolle Strände. Deshalb ist es in Al-Hoceïma während der Touristensaison auch immer ziemlich voll. Hier entstand im Rifkrieg ein spanischer Militärstützpunkt, der nach einem spanischen General „Villa Sanjurjo" genannt wurde. Unweit von hier in den Bergen liegt denn auch Ajdir, der Geburtsort des Berberführers Abd el-Krim.

In den Zwanziger Jahren war die spanische Herrschaft über das Protektorat in Nordmarokko ernsthaft durch Abd el-Krim und seine 18.000 Rif-Berbern bedroht. Der spanische Hafen Melilla weiter östlich von Al-Hoceïma entging 1921 wohl nur der Einnahme, weil es Unstimmigkeiten zwischen Abd el-Krim und einem benachbarten Berberstamm gab. Bei der Schlacht von Annual, nur 40 km von Melilla entfernt, hatten Abd el-Krims Leute bereits etwa 10.000 Soldaten getötet, und Melillas spanische Garnison war nur schwach besetzt. Später trat die berüchtigte „Spanische Legion" unter General Franco in die Kampfhandlungen ein. Mit Unterstützung der Franzosen und auch durch den Einsatz chemischer Waffen (Senfgas) wurde der Aufstand der Rif-Berber schließlich niedergeschlagen. Sehenswert: die Plaza de España und ihre Kolonialarchitektur im spanischen Jugendstil (Modernismo). Und natürlich die von einer intakten Mauer umschlossene winzige Medina, Melilla la Vieja („Alt-Melilla"). Eigentlich mehr eine Festung als eine Stadt – aber von den Stadtmauern hing das Überleben der Spanier ab.

Die marokkanische Küche

Marokkos Küche kann aus dem Reichtum des Landes schöpfen. Es werden zahlreiche Gemüsesorten angebaut, und natürlich Obst: Datteln, Mandarinen, Orangen, Pflaumen, bis hin zu Kirschen. Auch Fisch steht durch Marokkos lange Küste regional auf dem Speiseplan. Typische Gerichte werden oft mit Geflügel, Schaf- oder Rindfleisch zubereitet. Dazu kommen Milchprodukte, Oliven und Olivenöl, Getreide und Hülsenfrüchte – und nicht zu vergessen, das „Salz in der Suppe": die Gewürze. Entsprechend ist die Vielfalt von exotisch-würzigen Spezialitäten scheinbar unüberschaubar. Die Vorspeisen *(Mezze)* sind in Marokko oft ein Fest für Vegetarier: Oliven, Rote Bete, Gurken, Kartoffeln oder Kichererbsen mit Kreuzkümmel werden gereicht, häufig auch der sehr leckere „Auberginenkaviar" (Püree aus gebratenen und gewürzten Auberginen). Unbedingt zu erwähnen: die Suppen. Harira ist eine apart-würzige Suppe aus Lammbrühe und -fleisch, Linsen, Kichererbsen, Tomaten, Zwiebeln, Kräutern und Gewürzen. Traditionell isst man sie zum Fastenbrechen im Ramadan. Nächster Gang: Hauptgericht. Hier müssen wir uns nun Couscous und Tajine zuwenden. Couscous, auf Berber *seksou* genannt, ist eine kleine, feste, körnergroße Pasta aus handgerolltem Weizengrieß (die Schnellkoch-Varianten haben mit dem Original wenig zu tun). Sie wird in einer Art Sieb über einer würzigen Brühe gedünstet. Gegessen wird Couscous zusammen mit gekochtem Gemüse, Fleisch und Soße. Es gibt tausendundeine regionale Variante: In Casablanca bekommt man ihn mit sieben Gemüsesorten, in Fes mit Lammfleisch und Gemüse, an der Atlantikküste wiederum mit Fisch, Tomaten und frischen Kräutern. Tajine ist der marokkanische Eintopf schlechthin, schonend gegart im typischen kegelförmigen Tontopf (ein beliebtes Marokko-Souvenir), der oft direkt im höllisch heißen Kohlebecken steht. Auch die Zubereitung dieses Nationalgerichtes variiert regional: Ein Tajine kann aus gebratenen Hähnchen mit Mandeln, Rosinen oder Oliven bestehen, oder aus Hammelfleischstücken mit Quitten, und, und, und … Man bekommt Tajine in den Garküchen auf der Straße zwar nur mit wenigen Zutaten, er ist trotzdem oft besser als in Restaurants. Dazu wird frisch gebackenes Fladenbrot serviert. Es gibt auch süße Tajine-Varianten, z. B. Quitten- oder Backpflaumen-Tajine mit Safran, Zimt und Pfeffer. Nach dem Essen folgt die marokkanische Teezeremonie: das Aufbrühen (und natürlich Genießen) des süßen Minztees.

Hähnchen-Tajine mit eingelegten Zitronen und Oliven. Auf dem Holzkohlebecken (arabisch kanoun*) steht der Tontopf* (tajine)*, in dem der Eintopf schonend gegart wird.*

Gewürze machen den eigentlichen Reiz der marokkanischen Küche aus. Wichtige Grundzutat ist die Gewürzmischung Ras el-Hanout. Wie bei der indischen Curry-Mischung variieren die Bestandteile, meistens sind es über ein Dutzend verschiedene. Fast immer sind Kardamom, Nelken, Muskat, Zimt und scharfer Chili darunter. Ras el-Hanout ist nicht nur lecker, man sagt auch, dass es die Potenz steigert – früher war nämlich manchmal auch Spanische Fliege enthalten.

Die Tontöpfe für den Tajine bestehen aus dem auffälligen Deckel und dem eigentlichen Topf. Die Kegelform des Deckels sorgt dafür, dass die verdunstete Flüssigkeit, die sich am Deckel niederschlägt, immer wieder in den Eintopf zurücktropft. Auch kann man während des Kochens den Deckel oben am verdickten „Griff" anfassen, ohne sich zu verbrennen.

Marokkanischer Salat aus Oliven, Radieschen und Kartoffeln, angemacht mit Oliven- oder edlem Arganöl. Es wird in aufwendiger Handarbeit aus Früchten der Arganie, eines Eisenholzbaums, gewonnen und wird in den USA und in Europa immer beliebter – wegen seines Gehalts von 80 % ungesättigten Fettsäuren.

Eine herzhaft-süße Tajine-Variante: Lammfleisch mit Backpflaumen und Mandeln, mrouzia genannt.

Bei diesen orientalischen Süßigkeiten möchte man doch gleich zugreifen. Aber bitte nur mit der rechten Hand: Beim Essen mit Marokkanern sollte man möglichst nichts mit der linken Hand berühren, sie gilt als unrein.

Frisch gebackenes Fladenbrot in einer Bäckerei in Marrakesch. Brot gehört zu den Grundnahrungsmitteln und wird zu allen Mahlzeiten gereicht. Da normalerweise mit den Händen gegessen wird, werden Saucen und Fleisch mit Stücken vom knusprigem Fladenbrot zum Mund geführt.

Der Südosten

Der Hohe Atlas, der höchste Gebirgszug Nordafrikas, wird von den Berbern Idraren Draren, „Berge der Berge", genannt; der Name trifft zu. Im ohnehin recht bergigen Marokko ragen die Schneegipfel des Hohen Atlas zum Teil über 4.000 Meter auf. In den Tälern wartet oft hinter jeder Wegbiegung eine Entdeckung. Hier erlebt der Besucher abwechslungs- und kontrastreiche Landschaft – wildromantische Schluchten, Oasen und die faszinierende Lehmarchitektur der Berber. Zu Recht spricht man vom „Juwel des Südens"; gemeint ist der Tafilalet, die Region, aus der die immer noch regierende Königsfamilie vor etwa 400 Jahren kam.

Im Tal des Oued Ziz. Hier hat sich der Fluss ein Tal ausgewaschen, das spektakuläre Blicke auf steile Felswände bietet: eine echte Mondlandschaft, in der aber der Fluss Ziz Leben spendet.

Fährt man von der Kaiserstadt Meknes über Midelt die Fernstraße weiter Richtung Süden, erreicht man das Tal des **Oued Ziz**. Hier hat sich der Fluss ein in Nord-Süd-Richtung verlaufendes, zunehmend enger werdendes Tal ausgewaschen, das spektakuläre Anblicke auf steile Felswände bietet – eine echte Mondlandschaft, in der aber der Fluss Oued Ziz Leben spendet. Ansonsten sieht man Palmen, *ksour* (Einzahl *ksar*, ein Wehrdorf oder eine Wohnfestung der Berber) und einige Stauseen entlang der Straße. Größter und wichtigster ist der Hassan-Abdakhil-Stausee.

Südlich des Sees liegt die Provinzhauptstadt **Er-Rachidia** (200.000 Einwohner). An dieser Stelle war wegen der Handelsverbindungen schon immer ein wichtiger Ort. Er-Rachidia hieß früher Ksar es-Souk (etwa: „Festung und Markt") und verdankt seinen jetzigen Namen dem ersten Alawitensultan, Sultan Mulay ar-Raschid, dessen Clan ja aus dem Tafilalet stammt. In Er-Rachidia zweigt die Landstraße nach Ouarzazate ab, zugleich ist sie die wichtige Handelsstraße nach Marrakesch. Wegen der strategischen Bedeutung setzten die Franzosen hier eine Garnisons- und Verwaltungsstadt mitten ins Gebirge. Sie hat wenig Sehenswürdigkeiten zu bieten, aber die Leute sind sehr freundlich. Einmal jährlich findet in der Region, in Imilchil, ein großes *moussem*, ein Fest der Imazighen (Berber), statt.

Folgt man aber dem Flusstal des Oued Ziz und der Straße nach Merzouga nach Süden, gelangt man bald ins Städtchen **Erfoud**. Erst in den dreißiger Jahren gelang es den Franzosen, die Region des Tafilalet und ihre widerspenstigen Bewohner völlig unter ihre koloniale Kontrolle zu bringen. Um diese Kontrolle nicht zu verlieren, legten sie auch hier einen Ort mit Militärposten an. Von Erfoud aus kann man bereits organisierte Wüstentouren unternehmen, die Sahara ist nicht weit. **Rissani** liegt 25 km weiter südlich im Oued Ziz. Rissani ist die Wiege der regierenden Alawiten-Dynastie. Von hier aus eroberten Mulay ar-Raschid und seine Nachfolger im 17. und 18. Jahrhundert ganz Marokko. Genau genommen war eigentlich das zwei Kilometer entfernte **Sijilmassa** die alte Alawiten-Hochburg. Zwar dominierte bis zum Mittelalter der damals bedeutende Karawanen-Stützpunkt Sijilmassa den Goldhandel mit dem Sudan, doch später wurde Rissani wichtiger. Heute ist Er-Rachidia der Hauptort im Oued Ziz, und Meknes ist die Hauptstadt der Region Meknes-Tafilalet. Aber Rissani ist mittlerweile nicht mehr die verschlafene Kleinstadt, die es lange Zeit war, sondern eine vielbesuchte Oasenstadt.

Idraren Draren – die „Berge der Berge" – nennen die Berber den Hohen Atlas. Zu Recht: Von den Gebirgen Marokkos ist dies das höchste. Die Gipfel des Hohen Atlas ragen bis über 4.000 Meter auf.

Eine der breiteren Stellen der Todgha-Schlucht. Sie ist großartig für Wanderungen und auch ein Kletterparadies. Abends ist sie verlassen, aber gerade dann bieten sich besonders spektakuläre Anblicke, wenn letzte Sonnenstrahlen noch die Felswände erleuchten, über den Berggipfeln aber schon die Sterne am Himmel stehen.

Die größten und höchsten Sanddünen Marokkos sind die Attraktion von **Merzouga**. Die Dünen erheben sich mitten in einer völlig flachen und mit schwarzen Steinen übersäten Geröllebene; sie wirken daher wie vom Himmel gefallen. Eine Legende will es auch, dass hier eine reiche Familie von Gott gestraft wurde, weil sie einer armen Frau und deren Sohn kein Obdach gewährt hatten, und so ihre Häuser unter Sand begraben wurden. In der Nähe der Ortschaft ist fast immer ziemlich viel los, es lohnt sich, einmal von Merzouga weiter weg zu wandern. Der Ort selbst ist ganz auf den Dünentourismus ausgerichtet, und alles ist entsprechend teuer.

Orientiert man sich in Er-Rachidia nach Westen, so befährt man die Fernstraße in Richtung Ouarzazate. Nördlich erheben sich die schneebedeckten Gipfel des Hohen Atlas. Hier ragt nicht nur der **Dschebel Toubkal** auf (mit 4.167 Metern der höchste Berg Nordafrikas), hier liegen auch die spektakulären Schluchten und Kasbahs des Atlas: Die eindrucksvollsten sind die Todgha-Schlucht bei Tineghir und das Dadès-Tal. Andere sehenswerte Höhepunkte in der Region sind die Berber-Lehmbauten von El-Kelaa-Mgouna, die Kasbah und natürlich Aït Ben Haddou: So ziemlich jeder hat schon einen Film gesehen, der dort gedreht wurde. Das alles liegt an oder nahe der Fernstraße P32. Grandiose Ausblicke auf Bilderbuchpanoramen des Hohen Atlas (und scharfe Haarnadelkurven) bietet der „Pass der Almen", der Tichi-n-Tichkal, der über den Atlas Richtung Marrakesch führt. Das heutige Verwaltungszentrum **Tineghir** liegt etwas südlich der Touristenattraktion Todgha- (oder Todra-)Schlucht und setzt sich insgesamt aus über zwanzig Oasendörfern zusammen; hier hatte der von den Franzosen eingesetzte Herrscher Pascha El-Glaoui eine von zahlreichen Kasbahs, die jetzt allerdings verfällt.

Die **Todgha-Schlucht** ist vielleicht die spektakulärste Landschaftsformation im südlichen Marokko: eine grandiose Verwerfung im Gebirge, wo sich an einigen Stellen Felswände bis zu 300 Meter hoch auftürmen und zugleich nur einen Durchgang von 10 Meter Breite freilassen! Und das alles nur etwa 15 km entfernt von Tineghir. Entsprechend sind im ersten Drittel der Schlucht, im spektakulärsten Teil, auch viele Touristen unterwegs. In der Schlucht befinden sich sogar einige kleine Hotels. Weiter die Schlucht hinein ist es dann ziemlich einsam – durch die Schlucht des Oued Todgha

Wenn man sich Merzouga und dem Erg Chebbi nähert, wirkt die Sandformation wie eine Fata Morgana: Unvermittelt erheben sich die Dünen aus der flachen hammada, *der Geröllwüste. Es soll übrigens bei Rheumatismus helfen, wenn man sich in den warmen Sand einbuddelt und stundenlang liegen bleibt. Aber besser genug Wasser mitnehmen und Acht geben, dass man nicht von einem Kamel getreten wird …*

Das untergegangene Sijilmassa war einst die Hauptstadt des Tafilalet. Schon im 8. Jahrhundert gründeten es Sufis, ein Nebenzweig der streng religiösen Kharijiten. Zunächst war es die Hauptstadt eines unabhängigen Emirats und dominierte als Ausgangspunkt der westlichen Karawanenroute den Transsahara-Handel mit Ghana: Datteln, Salz, Leder- und Metallwaren wurden hier gegen Goldstaub und Sklaven aus Schwarzafrika getauscht.

Teppichhandel ist ein wichtiger Wirtschaftszweig im beschaulichen Markstädtchen Midelt, das auf 1.500 Metern und ziemlich in der Mitte Marokkos liegt – etwa da, wo Hoher und Mittlerer Atlas zusammentreffen. Die Umgebung ist eher karg, dafür hat man tolle Ausblicke auf die Gipfel des Hohen Atlas im Südwesten.

Rechts: Im Souk von Rissani ist dienstags, donnerstags und sonntags Markt, dann vor allem ist es mit der Ruhe im Ort vorbei. Aber auch sonst halten hier viele Bustouren, damit die Oasenstadt besichtigt werden kann. Individualreisende buchen von hier aus gern eine Fahrt zu den Sanddünen des Erg Chebbi – dort gibt es Sandwüste wie aus dem Bilderbuch.

Tineghir, eine Oasenstadt im Tal des Oued Todgha. Nördlich der Siedlung, zum Atlasgebirge hin, bewässert der Fluss Todgha das Tal, südlich der Stadt liegen die verschiedenen Tineghir-Oasen selbst. Über 80.000 Menschen leben hier, meist von der Landwirtschaft.

Die Dünenkette bei Merzouga und Hassi Labied gilt zu Recht als die höchste Marokkos: Teilweise wird das kleine Sandgebirge bis zu 160 Metern hoch. Weiter südlich führt die Straße in Richtung Taouz in die Nähe eines Salzsees; wenn er Wasser führt, können Vogelfans dort Flamingos und andere Vogelarten beobachten.

Die Straße von Tineghir nach Boumalne du Dadès zieht sich scheinbar endlos durch eine baumlose Hochebene zwischen dem Hohen Atlas und Dschebel Sahro im Süden. In dieser unwirtlichen Wüstenlandschaft brennt im Sommer die Sonne, im Winter wird es empfindlich kalt. Die spektakuläre Felsenszenerie in den etwas entfernten Bergtälern und -schluchten ist die Hauptattraktion für die Besucher.

Berbermann mit Blüten von Damaszenerrosen in El-Kelaa-Mgouna. Wenn dort im April und Mai die Rosen blühen, ist das Tal der Rosen ein einzigartiger Anblick. Nach der Ernte findet ein großes Fest mit Wahl der Rosenkönigin statt.

verläuft eine Piste zum weiter entfernten Berberort Tamtattoucht. Am besten besucht man die Schlucht vor dem Mittag, im schräg einfallenden Morgenlicht wirken die Felswände am besten.

Bei Boumalne geht es an der Abzweigung der Fernstraße nach Norden, zum zweiten landschaftlichen Highlight, der **Dadès-Schlucht** (Gorges du Dadès). Sie ist für ihre gut erhaltenen, aus rotem Lehm gebauten Kasbahs berühmt, die inmitten von sattgrüner Oasen-Vegetation und vor dem Hintergrund zerklüfteter Berge besonders eindrucksvoll wirken. Ab dem *ksar* Aït Oudinar wird die Straße enger, und die Farbpalette ändert sich: Die Berge sind nun graubraun, doch der Dadès-Fluss sorgt weiter für sattes Grün auf den Feldern und in den Gärten. Wenn man die wehrhaften Kasbahs und *ksour* sieht, kann man erahnen, dass hier in vergangenen Zeiten blutige Stammesfehden ausgetragen wurden.

Westlich von Boumalne passiert man die Kasbah von **El-Kelaa-Mgouna** im „Tal der Rosen". Auch diese Festung gehörte El-Glaoui, dem berüchtigten „Pascha von Marrakesch". Das Tal heißt mit Recht so, denn hier ist das Zentrum der Produktion von Rosenwasser und Rosenöl in Marokko. Rosenwasser wird bei der Zubereitung von orientalischen Süßspeisen verwendet, Rosenöl ist oft in Parfums enthalten.

In den Bergtälern nahe dem touristisch geprägten ehemaligen Militärstützpunkt Ouarzazate liegen oft fotografierte und gefilmte Kasbahs: El-Kelaa-Mgouna, Skoura und natürlich das durch viele Filmproduktionen bekannte **Aït Ben Haddou**. Diese Kasbah erhebt sich am Lauf des Assif Mellal, etwa 30 km nordwestlich von Ouarzazate. Das Lehmdorf ist ein Labyrinth von verschachtelten Häusern, Türmen und Getreidespeichern in Lehmbauweise (Agadire). Schon im elften Jahrhundert haben hier Angehörige der Ben Haddou gelebt. Mittlerweile wohnt nur noch eine Handvoll Menschen hier; der Wandel von einer Siedlung zu einem Museumsdorf scheint unumkehrbar. Einige der noch bewohnten Häuser kann man gegen ein Trinkgeld besichtigen. Immerhin wurde mit Hilfe der UNESCO (auch Aït Ben Haddou ist Weltkulturerbe) der Verfall gestoppt. Und auch die Filmemacher freuen sich, dass ihnen eine spektakuläre Kulisse erhalten bleibt. Zahlreiche Bibel- und „Sandalenfilme" wurden hier gedreht – aber auch Filme, die

im modernen Orient, oder zum Teil sogar in Tibet spielen. Die bekanntesten sind *Sodom und Gomorrha, Lawrence von Arabien, Jesus von Nazareth, Der Himmel über der Wüste, Die letzte Versuchung Christi, Kundun, Gladiator und Alexander.* Von den höchsten der Gebäude hat man einen fantastischen Blick über das Tal des Assif Mellal.

Hier der Straße von Aït Ben Haddou nach Telouet zu folgen, ist strapaziöser als der Weg über die Fernstraße – denn man braucht einen Geländewagen, um das Tal des Assif Ounila zu befahren. Dafür sind aber auch fantastische Eindrücke von zerklüfteten, kahlen Berghängen garantiert. Aber auch der „normale" Weg über die Fernstraße und den Pass **Tizi-n-Tichka** (2.260 Meter) bietet reichlich Ausblicke auf mächtige, erodierte Bergflanken. Bei guter Sicht sieht man sogar die Schneegipfel des Hohen Atlas. In Telouet ist der Palast der El-Glaoui das Highlight. Ursprünglich nur *qa'id* (Clanfürst) der Glaoua-Berber, hatte Si Madani 1893 das Glück, den von widrigem Wetter überraschten Sultan Mulay Hassan und

Die Amazighen (Berber) von Tineghir betreiben traditionellen Oasenlandbau: Dattelpalmen stehen am Rand der Felder, Obst- und Olivenbäume weiter innen spenden Schatten für darunter gepflanztes Getreide und Gemüse. Dazwischen ziehen sich Bewässerungskanäle durchs Tal.

Auch wenn die Oase immer schon besiedelt war, entstand die Stadt Zagora als Verwaltungsposten in der Kolonialzeit. In ihrem Zentrum stehen aber noch einige ältere Gebäude. Über der Stadt erhebt sich drohend der Dschebel Zagora.

sein Gefolge gastfreundlich aufzunehmen. Zum Dank verlieh der Sultan seinem Gastgeber Si Madani den Titel und die Funktion *qa'id* auch für weitere Gebiete und Stämme. Um diesen Anspruch auch durchsetzen zu können, schenkte der Sultan ihm eine Krupp-Kanone, mit deren Hilfe Madani und sein jüngerer Bruder T'hami el-Glaoui die Herrscher in der Region wurden. 1907 stieg Si Madani sogar zum Großwesir auf und T'hami wurde der berüchtigte und schwerreiche „Pascha von Marrakesch" und kollaborierte mit den Franzosen. Der Glanz des eindrucksvollen Palasts in Telouet ist ziemlich verblasst, doch einige Innenräume sind noch prächtig ausgestattet. Die Kasbah allerdings verfällt langsam.

Auch der Weg südlich von Ouarzazate über den Dschebel Anaouar hinein ins **Draa-Tal** ist abwechslungsreich: Erst sieht man zerklüftete Bergwelt, dann ein grünes Band von *palmeraies* (Palmenhainen) und Plantagen in den Oasendörfern. Gelegentlich tauchen aus dieser Landschaft Kasbahs aus rotem Lehm und Berberdörfer auf. Einst war der Oued Draa über 1.000 Kilometer lang und einer der längsten Flüsse Nordafrikas. Heute ist er südlich von Zagora zu Ende: Der Draa versickert in der Wüste. Auf den einhundert Kilometern zwischen Agdz und Zagora aber sorgt er für üppiges Grün.

Über den Pass Tizi-n-Tinififft (1.660 Meter) geht es in die Oase **Agdz**. Sie liegt, wie auch alle folgenden Orte, an der alten Karawanenroute von Marrakesch nach Timbuktu. Auf dem langen Weg nach Zagora sind Kasbahs und *ksour* aus alten Zeiten ringsum im Flusstal verstreut: Tamnougalt, Aït Hammou Saïd, Tamakkasalte und El-Had Ouled Othmane. Davon ist Tamnougalt wohl die schönste Kasbah; hier wurden übrigens Szenen der Paul-Bowles-Verfilmung *Der Himmel über der Wüste* gedreht. Die Stadt **Zagora** hat keine Sehenswürdigkeiten im eigentlichen Sinne zu bieten; sie ist nur mit etwa 35.000 Einwohnern die größte Stadt im Umkreis von 150 Kilometern. Wenige Kilometer weiter südlich beginnt bereits die Wüste: In der Nähe des Städtchens **Tinfou** erheben sich sogar, ähnlich wie in Merzouga, riesige Sanddünen.

Fast der letzte Oasenort an der Route nach Süden ist **Tamegroute**. Seit dem 11. Jahrhundert bereits ist es ein wichtiges Zentrum islamischer Gelehrsamkeit. Seit dem 17. Jahrhundert befindet sich die Zawija al-Nasiriya hier. Dieses Sufi-Heiligtum wurde durch Mohammed Bennacer Edderai gegründet. Von hier aus verbreiteten sich der Islam und die Lehren der Sufi-Mystiker in Marokko. Die Naceur-Bruderschaft legt den Schwerpunkt auf das Koranstudium. Unter Sidi Mohammeds Sohn, Sidi Ahmad Bennacer, entstand deshalb eine umfangreiche Bibliothek, einst die größte Marokkos. Der Ort besteht aus mehreren *ksour*, einer davon ist die *zawija* selbst (mit Bibliothek, Grabmal und Koranschule). Die Bibliothek mit ihren zum Teil sehr wertvollen Handschriften ist für Besucher zugänglich. Von hier aus kann man zwar noch weiter durch die Wüste nach Süden zum kleinen Wüstenort **M'Hamid** fahren. Dort ist die Zivilisation aber dann zu Ende und nur noch Wüste erstreckt sich bis zur algerischen Grenze.

Einer der ksour in Tamegroute, davor macht ein Citroën 2CV Werbung für ein kleines Hotel in einem der Stampflehm-Gebäude. Auch hier kamen in früheren Zeiten die Karawanen nach Timbuktu durch, darauf spielt das Schild rechts an. Abgesehen vom zawija der Naceur-Bruderschaft sind auch die Töpfereien des winzigen Wüstenortes eine Attraktion.

Eine ganze Reihe von eindrucksvollen wehrhaften Lehmbauten blickt hier auf die Straße im Dades-Tal hinunter. Aït Arbi ist eine Familienburg (in der lokalen Berbersprache: tighremt*), die aus mehreren Kasbahs und einfacheren Lehmbauten besteht.*

Durch das Tal des Oued Dades läuft eine windungsreiche Landstraße, von der aus man beeindruckende Kontraste zwischen roten Lehmfestungen, grüner Vegetation im Tal und den geologischen Formationen der Bergflanken sieht.

Eine Glaoui-Kasbah im Dades-Tal. Viele Kasbahs waren auch der Sitz eines lokalen Herrschers oder Stammesführers (qa'id *oder* caïd*). Entlang der wichtigen Handelsstraße nach Marrakesch stehen wegen der Machtkämpfe zwischen den* qa'id *viele Kasbahs fast nebeneinander. Der mit den Franzosen verbündete Pascha El-Glaoui ließ viele Kasbahs bauen, um seine Macht gegenüber den lokalen Berberfürsten zu behaupten. Er war eigentlich* qa'id *der Glaoua-Berber, wurde aber zum despotischen „Pascha von Marrakesch".*

Amerhidil ist die sehenswerteste von mehreren Kasbahs im Palmenhain von Skoura, einer Oase etwa 40 km östlich von Ouarzazate. Der Oued Amerhidil sorgt hier in einem Gebiet von etwa 25 km² für grüne Vegetation. Zahlreiche douar, traditionelle Berberdörfer, liegen in der Oase verstreut.

Links: Die Kasbah El-Kelaa-Mgouna zwischen Boumalne und Ouarzazate. Kelaa heißt „Festung" und Mgouna (oder M'Gouna) ist der Name des Bergmassivs, das hier das Flusstal des Assif Mgoun überragt. Die Mgoun-Berber leben von der Herstellung von Rosenöl und Rosenwasser. Die dornigen Pflanzen wachsen hier als Hecken auf etwa 4.200 km² Anbaufläche. Für einen Liter Rosenwasser benötigt man die unglaubliche Menge von 3.000 kg Rosenblüten!

Vergängliche Schönheit: die Lehmarchitektur der Berber

Die Lehmhäuser und -festungen der Amazighen im Draa-, Ziz- und Dadès-Tal bestehen aus leichtvergänglichem Material: *pisé*, bei uns Stampflehmerde genannt. Zunächst wird Lehmerde mit Maisstroh vermischt, manchmal wird noch Kalk oder Dung beigeben. In einzelnen Arbeitsschritten und mit Hilfe von Verschalungen entstehen Wände, Gebäude und schließlich imposante Kasbahs (Burgen) und Wohnfestungen (*ksour*, Einzahl *ksar*). Auch die Häuser in den Städten der Berberregionen sind häufig aus diesem Material. Das bedeutet, dass die Berberarchitektur, die so natürlich und stabil aus der Landschaft selbst zu wachsen scheint, doch äußerst vergänglich ist. Die seltenen, aber dafür oft sintflutartigen Regenfälle in der Atlasregion zerstören die manchmal aufwendig verzierten Bauten. Für die Kasbahs und die Familienburgen (*tighremt* genannt) sind die vier Ecktürme charakteristisch, in denen sich die Treppen befinden. Diese Gebäude sind typischerweise fünf bis sechs Stockwerke hoch, wobei sich die Schlaf- und Wohnräume in den obersten Etagen befinden. Es gibt meist nur einen Eingang und vergitterte Fenster. Gebäude aus *pisé* sind ideal für das Klima im Atlas: Tagsüber heizen sich die Wände langsam auf; nachts (wenn es oft bitterkalt ist) geben sie die Wärme wieder ab. An den Außenwänden findet man oft Ornamente, die nach alter Tradition segenbringende und quasimagische Bedeutung haben. Mit der Befriedung der Berberstämme und dem Eingehen des Transsahara-Handels verloren die Kasbahs ihre Bedeutung, viele verfielen oder sind vom Verfall bedroht. Mittlerweile setzen sich aber Initiativen für den Wiederaufbau ein. Aït Ben-Haddou, nordwestlich von Ouarzazate, ist die wohl bekannteste Kasbah Marokkos und gehört mittlerweile zum UNESCO-Weltkulturerbe.

Teezeit in einer Kasbah im Dadès-Tal.

Das Draa-Tal im südlichen Hohen Atlas. Der Fluss wäre eigentlich der längste des Landes – einst war er über 1.000 Kilometer lang. Heute ist sein gesamter Unterlauf ein trockenes Flusstal: Der Oued Draa versickert südlich von Zagora in der Wüste. Im Gebirge und in dessen Ausläufern sorgt er für einen schmalen Streifen fruchtbaren Landes.

Rechts: Die eindrucksvollen, 110 Meter hohen Wasserfälle von Ouzoud (Cascades d'Ouzoud), nahe dem Ort Tanaghmeilt im Hohen Atlas.

Seite 126/127: Das UNESCO-Weltkulturerbe Aït Ben Haddou diente vielfach als Filmkulisse. Für den Film „Sodom und Gomorrha" des amerikanischen Regisseurs Robert Aldrich wurde eigens ein „neues" Stadttor gebaut (in diesem Bild nicht zu sehen), um die wehrhafte Siedlung noch eindrucksvoller zu machen. Es steht noch heute, löst sich aber allmählich auf, was vielen Freunden der traditionellen Architektur ganz recht ist. Leider verwittert aber auch der Rest der eindrucksvollen, jahrhundertealten Stadt.

Von Zagora im Draa-Tal aus starteten die Kamelkarawanen auf ihren 52 Tage langen Wüstentreck nach Timbuktu am Niger. Schilder künden davon: „Tombouctou 52 jours".

Die Wüste beginnt in Zagora wirklich fast an der Stadtgrenze, so dass Kamelritte für Besucher quasi obligatorisch sind. Bei Tinfou, etwas südlich von Zagora, gibt es dann schon richtige Sanddünen: Genau so stellt man sich die Sahara vor, doch sie besteht eigentlich zu zwei Dritteln aus hammada, *Steinwüste.*

Ein Clanchef der Berber oder qa'id
aus dem Hohen Atlas in traditionellem
Gewand.

Ein junges Berbermädchen aus der
Gegend von Agadir in der typischen
Tracht der Imazighen dieser Region.

Junge Frau vom Stamme der Ait Haddi-
dou (Hoher Atlas) mit Gesichtstätowie-
rung.

Ein Berber im blauen Gewand mit
Turban. Traditionell kümmern sich die
Männer bei den Amazighen um das Vieh,
die Frauen um alles andere – Feldarbeit,
Haushalt, Brennholz, Weben.

Berbermädchen aus dem Atlas mit
blauem Gesichtsschleier. Bei den in der
Sahara lebenden Tuareg tragen die Männer einen Turban mit Gesichtsschleier.

Junges Berber-Mädchen mit Schleier
und Gesichtsbemalung. Früher war es
bei den Amazighen üblich, dass Mädchen beim Erreichen der Pubertät mit
traditionellen Mustern tätowiert wurden.
Da der Islam Tätowierungen verbietet,
sieht man sie heute nur noch an älteren
Amazighen-Frauen.

Ein marokkanischer Junge. Auf dem Land und in den Bergdörfern müssen die Kinder in der Landwirtschaft mithelfen, leider geht das oft auf Kosten des Schulbesuchs.

Marokkanische Frau mit Gesichtsschleier. Bei den Amazighen (Berbern) gehen die Frauen traditionell meist unverschleiert, auch wenn ein Stück Stoff als Gesichtsschutz in der staubigen und heißen Berglandschaft sehr nützlich ist.

Junge Frau aus der Gegend von Ouarzazate im Hohen Atlas. Die Münzen am Kopfputz und an der Kleidung dienen einer Berberfrau als Absicherung im Fall der Scheidung.

Eine weitere Amazighen-Frau aus der Region Ouarzazate in traditioneller Kleidung.

Ein echter „Wüstensohn": Berberjunge aus Erg Chebbi, wo die Steinwüste (Hammada) in echte Sandwüste mit Dünen übergeht.

Junge Frau aus Marrakesch in einem reich geschmückten traditionellem Brautkleid. Essentiell für eine marokkanische Hochzeit ist eine gute negafa, eine Frau, die die Braut zurechtmacht und ihr, wenn erforderlichen, auch den nötigen Schmuck und die Kleider leiht.

Marrakesch

Wohl das touristische Highlight des Landes ist die „Perle des Südens", das fast tausend Jahre alte **Marrakesch**. Es ist die Metropole Zentralmarokkos und mit etwa einer Million Einwohner die viertgrößte Stadt des Landes. Marrakesch gab letztlich auch Marokko den Namen, zumindest den bei uns gebräuchlichen: Die spanische Bezeichnung *marruecos* für Marrakesch übertrug sich schließlich auf das ganze Land. Der Stadtname wiederum kommt von *mar-our-kouch* und bezeichnet in der Berbersprache Tifinagh das neutrale Durchzugsgebiet zwischen den Gebieten verschiedener Stämme. Nach einer schöneren, aber leider nicht gesicherten Erklärung könnte sich der Name auch von *mur-(n-) akuch*, „Land Gottes", herleiten. Marrakesch stand immer in Konkurrenz zu Fes, der ersten Königsstadt Marokkos, und gilt zu Recht mit ihr zusammen als kultureller Höhepunkt im Land. Wenngleich auch hier der moderne Fremdenverkehr boomt, ist es Marrakesch doch gelungen, sich sein orientalisch-exotisches Flair zu bewahren. Aber die Mischung aus alt und modern macht den Reiz aus: Hier sieht man Mädchen in Jeans und Männer im Kaftan, die mit dem Handy telefonieren neben tätowierten Berberfrauen. Marrakesch ist keinesfalls zum Museum geworden, sondern eine höchst lebendige nordafrikanische Stadt.

Faszinierend sind vor allem die Souks in Marrakeschs Medina, die aus vergangenen Zeiten zu stammen scheinen. Die spektakulärste Sehenswürdigkeit ist aber der spektakuläre Freiluftmarkt Djemaa el-Fna – hier hat sich die Atmosphäre seit der Zeit der großen Karawanen kaum verändert. Er ist seit 2001 UNESCO-Weltkulturerbe. Herausragende Beispiele islamischer Baukunst aus der Almohaden- und Almorawidenzeit sind die Koutoubia und die Ben-Yusuf-Moschee sowie zahlreiche Koranschulen. Herausragend im wahren Wortsinne, denn das über 70 Meter hohe Minarett der Koutoubia beherrscht die Silhouette der Medina.

Rechts: Der laternenartige Aufsatz des Turms der Koutoubia ist mit einem weiteren Aufsatz aus vier nach oben hin kleiner werdenden Bronzekugeln geschmückt. Laut volkstümlicher Überlieferung sollen es ursprünglich drei Kugeln aus purem Gold gewesen sein. Die vierte Kugel ließ dann angeblich die Frau des Almohaden-Kalifs Yaqub al-Mansur aus ihrem eingeschmolzenen Goldschmuck anfertigen – sie hatte an einem Tag des Ramadan gegen das Fastengebot verstoßen.

Marrakeschs Stadtmauern sind etwa 16 km lang und von insgesamt 19 Toren durchbrochen. Das Bab Agnaou („Tor der Schwarzen") ist das älteste Stadttor der Medina, die etwa 600 Hektar Fläche bedeckt. Sie ist damit die größte Marokkos – und fast vollständig autofrei.

Bei der Gründung im Jahr 1070 wählte der Almorawiden-Führer Abu-Bakr ibn-Umar – als echter Wüstenbewohner – einen Ort in der Ebene Haouz für seine neue Stadt. Weil er wegen eines Zwists verfeindeter Stämme in die Sahara zurückgerufen wurde, überließ er es seinem Cousin und Stellvertreter Yusuf bin-Taschfin, sie zu bauen. Dieser übernahm auch gleich die Macht und verbaute hier die eroberten Reichtümer Andalusiens. Eine erste Blütezeit stellte sich unter Yusufs Sohn Ali ein: Marrakesch wurde neben Córdoba, Kairo und Bagdad zu einem Zentrum in der islamischen Welt. Ali ließ Paläste, Moscheen und das Bewässerungssystem (*khettara*) anlegen, das bis heute die Palmengärten der Medina mit Wasser versorgt. Bei ihrer Eroberung Marrakeschs im Jahr 1147 zerstörten die Almohaden es teilweise, um es nur umso prächtiger wieder aufzubauen. Damals siedelten sich vor allem Handwerker und Künstler aus Andalusien hier an. Eine zweite Blütezeit erlebte die Stadt Ende des 12. Jahrhunderts unter dem Almohaden Yaqub el-Mansur, dem „Siegreichen", der die Koutoubia-Moschee und eine Kasbah in der Medina anlegte. Im Jahre 1269 endete die Almohaden-Dynastie, die Meriniden eroberten Marrakesch und verlegten ihre Hauptstadt nach Fes. Immerhin machte der Saadier Ahmed al-Mansur ed-Dahbi Marrakesch 1554 wieder zur Residenz. Seine Regierungszeit (1579–1603) gilt denn auch als Marokkos goldenes Zeitalter. Und der Sultan machte seinem Beinamen „der Goldene" alle Ehre: Er ließ den El-Badi-Palast erbauen, eine Kopie der Alhambra von Granada. Dazu trugen auch die von ihm geplünderten Reichtümer Malis bei, denn Ahmed el-Mansur hatte 1591 Timbuktu und Gao am Niger erobert. Sicherlich das wichtigste Monument der Saadierzeit sind die Saadiergräber, in denen Ahmed el-Mansur auch selbst begraben ist.

Auch die Alawiten nutzten, als sie im 17. Jahrhundert an die Macht kamen, zunächst Fes als Hauptstadt, bis der vierte Alawiten-Herrscher Mulay Ismail Ende des 17. Jahrhunderts nach Meknes umzog. Der Ausbau seiner „Kaiserstadt" kostete Marrakesch den El-Badi-Palast: Mulay Ismail benutzte ihn als Steinbruch. Sein Sohn Mulay Mohammed ben-Abdallah aber wandte sich wieder dem strategisch wichtigen Marrakesch zu und lässt unter anderem die Befestigungen der Stadt verstärken. Der darauf folgende lange Niedergang hielt bis ins 19. Jahrhundert an. Erst Anfang des 20. Jahrhunderts belebten die Franzosen die Medina wieder und

Von außen eher unscheinbar, doch im inneren entfaltet sich ornamentale Pracht: almoravidischer Kuppelbau in Marrakesch (Koubba al-Barudiyin) aus dem 12. Jahrhundert.

Ein Durchgang in der Medina von Marrakesch.

„Der Platz": Das UNESCO-Weltkulturerbe Djemaa el-Fna

Im Herzen der Medina liegt „der Platz", der die Sinne überwältigende Djemaa el-Fna. Er ist sicherlich eines der größten und interessantesten Freiluftspektakel der Welt und wird in Marrakesch einfach nur *la Place*, „der Platz", genannt. Als Beispiel für gelebte und dort, z. B. durch Geschichtenerzähler, mündlich überlieferte Kultur wurde er 2001 als „Meisterwerk des mündlichen und immateriellen Erbes der Menschheit" Teil des UNESCO-Weltkulturerbes. Gedränge herrscht hier fast rund um die Uhr, beim ersten Besuch erscheint der Platz vielleicht sogar etwas zu voll, mit seinen Eindrücken zu überwältigend: Garküchen und Essensstände verbreiten köstliche Gerüche, dazwischen mengen sich Bettler, Händler, Einheimische, Kinder, Gauner und natürlich Touristen. Abends finden Schlangenbeschwörer, Gaukler und Geschichtenerzähler ein dankbares und vor allem ein gemischtes Publikum: Denn obwohl der Platz natürlich auch Touristenattraktion ist, ist das Treiben ein lebendiges und authentisches Stück marokkanischer Kultur. Der Djemaa el-Fna hat seine ganz eigene Magie; früher oder später kehrt man aus dem Gewirr der Souks oder den Boulevards der Nouvelle Ville an diesen einzigartigen Ort zurück. Der Name Djemaa el-Fna bleibt rätselhaft. Wörtlich bedeutet er „Versammlung (oder: Moschee) der Toten". Vielleicht bezieht er sich auf die zerstörte Almorawiden-Moschee, den Vorgänger der Koutoubia-Moschee, der 1147 von den strenggläubigen Almohaden zerstört wurde – man sagt, weil der Bau nicht ganz korrekt nach Mekka ausgerichtet war.

Wie in ganz Marokko gilt auch auf dem Djemaa el-Fna die Regel: Immer da essen, wo auch die Einheimischen hingehen. Das Bestellen ist denkbar einfach – man zeigt auf die ausgestellten Speisen, die man möchte, und bekommt sie dann frisch zubereitet vorgesetzt.

errichteten, wie andernorts, daneben eine Ville Nouvelle. Unter dem aktuellen König, Mohammed VI., soll Marrakesch noch mehr zum Tourismusmagneten werden: Viele neue Hotels entstehen, aber man pflegt auch sehr die historischen Bauten in der Altstadt: Es gilt mittlerweile als schick, in einem restaurierten *ryad*, einem traditionellen Haus, zu wohnen.

Hier können nur einige der unzähligen sehenswerten Orte von Marrakesch kurz vorgestellt werden – am schönsten ist es ohnehin, sich durch das Gewirr der Souks treiben zu lassen, um schließlich immer wieder auf den Djemaa el-Fna zurückzukehren und sich von der einzigartigen Atmosphäre dieses Platzes verzaubern zu lassen. Fast alle Sehenswürdigkeiten liegen in Marrakeschs mauerumschlossener **Medina**. Auf zuvor unbebautem Gelände ließen die Almorawidensultane im 11. Jahrhundert eine befestigte Siedlung um ein militärisches Feldlager bauen. Eine Kasbah kam im 12. Jahrhundert dazu. Die Stadtbefestigung selbst wurde später mehrfach verstärkt und erweitert. Sie ist insgesamt 16 km lang und hat heute 19 Stadttore.

Das wichtigste Bauwerk Marrakeschs und das Wahrzeichen der Medina: die Koutoubia-Moschee. 1158 entstand die Moschee, das eindrucksvolle Minarett wurde 1189 vollendet. Mit dem Minarett der Giralda in Sevilla ist es das bedeutendste Minarett der Almohadenzeit. Mit den vergoldeten Kugeln ist das Minarett 77 Meter hoch, bis zur Terrasse misst es 69 Meter.

Westlich des Djemaa el-Fna, bei der Place de Foucauld, erhebt sich die **Koutoubia-Moschee**, das Wahrzeichen der Medina und die größte Moschee der Stadt. Ihr Name erinnert an den Buchhändler-Souk (*al-Koutoubiyyin*, „die Buchhändler") der sich hier einmal befand. Das 77 Meter hohe Minarett ist eigentlich nur mit „La Giralda" zu vergleichen, dem Minarett der almohadischen Moschee in Sevilla (mittlerweile christliche Kathedrale), oder mit dem Hassanturm der unvollendeten Almohaden-Moschee in Rabat: Sie sind die drei bedeutendsten Minarette der Almohadenzeit.

Gleich nördlich an den riesigen Platz Djemaa el-Fna schließt sich das **Viertel der Souks** an. Hier herrscht pulsierendes Leben, die Händler- und Handwerkerstraßen sind laut, lebendig, völlig unübersichtlich und regen alle Sinne an. Das heißt: Manchmal stinkt es auch, beispielsweise im Färber-Souk, aber immer ist es fesselnd. Dass man sich ein wenig verirrt, gehört dazu. Das ärgste Gedränge kann man vermeiden, wenn man kurz nach Ladenöffnung gegen halb neun Uhr morgens losgeht oder nach ein Uhr mittags, wenn viele Geschäfte (und die großen

Touristengruppen) Mittagspause machen. Durch den Töpfer-Souk gelangt man auf die quirlige Rue Souq Smarine, wo man im Textil-Souk traditionelle marokkanische Kleidung – bestickte Hemden, *dschellabas* – anschauen und kaufen kann. Biegt man hier östlich ab, sind es nur ein paar Schritte zur Place Rahba Qedima. Gewürze sowie Kräuter für traditionelle Arzneien und Zaubertränke (tatsächlich!) werden hier feilgeboten: Das Angebot reicht von Pfefferkörnern über Rosenwasser bis zu getrockneten Teilen von Echsen. Auch mit Teppichen handelt man hier, dieser Souk ist gleich nördlich des Platzes. Die Gegend um die Place Rahba Qedima war früher ein Sklavenmarkt, damals „Criée Berbère" genannt. Westlich der Rue Attarine, die von der Rue Souq Smarine abzweigt, liegen die Souks der Kupferschmiede, Wollfärber und Holzschnitzer. Gar nicht so einfach, die Übersicht nicht zu verlieren – tatsächlich hilft in den engen Gassen ein Kompass manchmal bei der Orientierung. Hält man sich südlich an der Place Rahba Qedima befindet man sich bald im Souk der Gerber. Wegen des Gestanks der Gerbereien liegt das eigentliche Gerberviertel am Rand der Medina, nicht weit

Im Wollfärber-Souk hing früher frisch gefärbte Wolle zum Trocknen über den Gassen. Heute ist das nur noch selten der Fall, meist sind es gebatikte Tücher, die darauf hinweisen, was im Innern der Läden vor sich geht: Dort wird die Wolle mit modernen Farben in großen Bottichen gefärbt.

Das Minarett der Moschee Ali bin Yusuf. Sie ist die zweite bedeutende Moschee Marrakeschs. Sultan Ali, Sohn Yusuf bin Taschfins, ließ sie im 12. Jahrhundert errichten. Der heutige Bau ist eine erweiterte Rekonstruktion aus dem 19. Jahrhundert, die Moschee wurde aber schon im 16. Jahrhundert durch Mulay Abdallah erneuert, der auch die dazugehörige Koranschule prächtig renovieren ließ.

vom Stadttor Bab Debbarh und von der Medersa bin-Yusuf. In diese Gegend führt die Verlängerung der Rue Souq Smarine.

Die neben der Koutoubia bedeutendste alte Moschee der Stadt ist die **Moschee Ali bin-Yusuf**. Die Moschee und dazugehörige Medersa liegen ein Stück nördlich der Souks in der Medina. Die Moschee selbst ist für Nicht-Muslime leider unzugänglich. Ursprünglich war sie ein Almorawiden-Bau, den Ali bin-Yusuf im 12. Jahrhundert errichten ließ. Das heutige Gebäude stammt aber erst aus dem 16. Jahrhundert; um 1565 ließ der Saadier Mulay Abdallah die Moschee neu erbauen. Die dazu gehörige und gleichnamige islamische theologische Hochschule (Medersa) aber ist heute ein staatliches Museum. Tritt man aus dem Eingangsbereich heraus in den Hof, kann man zunächst den umlaufenden Wandschmuck aus farbigen *zellij*-Kacheln bewundern, mit den darüber in Stuckarbeit ausgeführten Inschriften in kufischer Schrift. In der Mitte dieses wunderbar harmonisch gestalteten Innenhofs befindet sich ein marmorgefasstes Wasserbecken. Gegenüber liegen die von einer achtseitigen Kuppel überwölbten Gebetsräume. Durch ein geschnitztes Tor aus Zedernholz betritt man die dreischiffige Gebetshalle, die von mehreren mit Carrara-Marmor verkleideten und ornamentierten Säulenreihen getragen wird. Das Mittelschiff ist auf eine fünfseitige Apsis ausgerichtet, die besonders reich mit Inschriften, Ornamenten und Stuckarbeiten verziert ist. Diese Gebetsnische (*mihrab*) zeigt die Gebetsrichtung nach Mekka (*qibla*) an.

Rechts: Einladender Empfang: Offenes Tor am Palais de la Bahia in Marrakesch. Das Gebäude stammt aus dem 19. Jahrhundert. Ein kleiner Teil des einstigen Wesirpalasts kann besichtigt werden, der Komplex umfasst insgesamt etwa 160 Räume!

Marrakeschs alte Zitadelle, die **Kasbah**, ist heute ein Teil der südlichen Medina. Dort befinden sich auch die Überreste des **El-Badi-Palastes**, die durch ihre schieren Dimensionen beeindrucken. Heute nisten Störche in einigen der Ruinen. Das ehemalige Judenviertel, die **Mellah**, liegt auch hier gleich neben dem Palast des Herrschers, um den Juden besseren Schutz zu gewährleisten – auf den sie als Zahler einer hohen Sondersteuer auch Anspruch hatten. Sultan Mulay Abdallah ließ Marrakeschs Mellah 1558 anlegen. An die Überreste des prunkvollen El-Badi-Palasts schließt sich der **Dar el-Makhzen** an, die bis heute genutzte (und daher nicht zugängliche) königliche Residenz.

Über vier Jahrhunderte lang war die Medersa Ali bin Yusuf eine Hochschule, an der auswärtige und einheimische Gelehrte den Islam und Rechtswissenschaft (fiqh) studierten. Heute dürfen auch Besucher in den kürzlich aufwendig restaurierten Bau hinein. Für die Unterbringung von insgesamt 900 Studenten aus allen islamischen Ländern dienten 133 kleine Räume. Die wunderbar verzierten Tore sind aus Zedernholz; hier der Eingang in den Gebetssaal.

Der mihrab *der Medersa Ali bin Yusuf: Diese Nische oder Aussparung in der Stirnwand eines islamischen Gebetsraums oder einer Moschee zeigt die Gebetsrichtung nach Mekka* (qibla) *an: Die zweite Sure des Korans schreibt diese Gebetsrichtung vor. „So wende dein Gesicht in Richtung der heiligen Moschee (von Mekka), und wo immer ihr auch seid, wendet eure Gesichter in ihre Richtung."*

Der Souq des Sebbaghines, Marrakeschs Wollfärber-Souk, liegt westlich der „Haupteinkaufsstraße" Rue Smarine, unweit der Mouassin-Moschee. Gefärbte Tücher dienen quasi als Ladenschilder der Färber. Nebenan sind die Souks der Eisen- und Kupferschmiede.

Links: Eingang zu einem Restaurant in der Medina von Marrakesch. Es ist in einem Riad, einem der vielen schön renovierten historischen Stadthäuser, untergebracht.

Die Menara-Gärten, eine grüne Oase in der Stadt, die bei Marrakschis und Touristen beliebt ist. Die Almohaden legten sie im 12. Jahrhundert an; Alawiten-Sultan Mohammed IV. ließ dann im 19. Jahrhundert Oliven- und Obstbäume hier pflanzen und den kleinen Pavillon am Wasserbecken errichten – bei klarer Sicht zusammen mit den Schneegipfeln des Hohen Atlas eine tolles Fotomotiv.

Vom El-Badi-Palast sind fast nur noch
Grundmauern und Kellerräume erhalten,
unter anderem auch die Verliese unter
dem Innenhof. Das gewaltige Bauprojekt
wurde teilweise mit Hilfe portugiesischer
Lösegelder finanziert: 1578 hatte der
Sultan die Portugiesen geschlagen, und
eine Anzahl portugiesischer Adliger
geriet in Gefangenschaft.

Der El-Badi-Palast war die gigantische und prunkvolle Residenz des Saadiersultans Ahmed al-Mansur, genannt ed-Dahbi, „der Goldene". Die Ruinen – in denen heute Störche nisten – lassen die einstigen Dimensionen noch erahnen: Der Palast hatte 360 Zimmer. Um 1700 benötigte Sultan Mulay Ismail Baumaterial für seine neue Hauptstadt Meknes und ließ den Palast abtragen.

In der Mellah von Marrakesch. Heute leben hier nur noch etwa 200 Juden, die meisten emigrierten nach dem Zweiten Weltkrieg nach Israel. Einst aber war die Mellah in Marrakesch die größte Marokkos. Als dhimmi, „Schutzbefohlene" der islamischen Herrscher, zahlten sie eine hohe Sondersteuer.

Nächste Doppelseite: Architektur im Kolonialstil: der Bahnhof in Marrakeschs Ville Nouvelle. Nicht mehr lange ist er der südlichste Bahnhof im Streckennetz der marokkanischen Bahngesellschaft ONCF. In den nächsten Jahren wird die Bahnlinie von Marrakesch nach Süden verlängert. Dann muss die schöne Architektur von Henri Prost leider weichen: Die Stadt bekommt ein neues, eindrucksvolles Bahnhofsgebäude.

محطة مراكش

Der „Saal der zwölf Säulen" in den Saadiergräbern, einer prächtigen, im 16. Jh. unter Ahmed al-Mansur ed-Dahbi angelegten unterirdischen Nekropole. Sie gilt als bedeutendstes Bauwerk der Saadierzeit und wurde erst 1917 wiederentdeckt. Sultan Mulay Ismail hatte sie zumauern lassen – wohl weil er alle Erinnerungen an die Vorgängerdynastie tilgen wollte. In zwei Mausoleen ruhen hier sieben Sultane und 62 Mitglieder der Saadier-Familie, darunter auch Ahmed al-Mansur selbst.

Rechts Der exotische Jardin Majorelle in Marrakeschs kolonialer Neustadt. Jacques Majorelle, ein französischer Maler, entwarf ihn in den zwanziger Jahren, 1980 kaufte ihn der Modeschöpfer Yves Saint-Laurent. Das ehemalige Wohnhaus Majorelles ist in leuchtendem Kobaltblau gestrichen – ein schöner Kontrast zu den grünen subtropischen Pflanzen des botanischen Gartens, darunter viele bizarr geformte Kakteen.

Nächste Doppelseite: Atemberaubende Ausblicke von der Passstraße Tizi-n-Test im Hohen Atlas, 2.092 Meter hoch. Der Pass liegt an der Straße von Marrakesch nach Taroudannt; die Straße bauten die Franzosen 1928.